EL LLAMADO DE Cristo A REFORMAR la iglesia

Libros de John MacArthur publicados por Portavoz

¿A quién pertenece el dinero?
El andar del creyente con Cristo
El asesinato de Jesús
Avergonzados del evangelio
La batalla por el comienzo
Cómo obtener lo máximo de la Palabra de Dios
Cómo ser padres cristianos exitosos
Cómo sobrevivir en un mundo de incrédulos
El corazón de la Biblia
De tal manera amó Dios...
La deidad de Cristo
El diseño de Dios para tu familia
Distintos por diseño
Doctrina cristiana esencial
El evangelio según Dios
La gloria del cielo
Jesús: Preguntas y respuestas
La libertad y el poder del perdón
El llamado de Cristo a reformar la iglesia
Llaves del crecimiento espiritual
Nada más que la verdad
Nuestro extraordinario Dios
El Pastor silencioso
Permaneciendo fiel en el ministerio
Piense conforme a la Biblia
Los pilares del carácter cristiano
El plan del Señor para la Iglesia
Los planes proféticos de Cristo
El poder de la integridad
El poder de la Palabra y cómo estudiarla
El poder del sufrimiento
¿Por qué un único camino?
Porque el tiempo SÍ está cerca
Salvos sin lugar a dudas
Santificación
Sé el papá que tus hijos necesitan
La segunda venida
Teología sistemática
El único camino a la felicidad

Comentario MacArthur del Nuevo Testamento

Mateo
Marcos
Lucas
Juan
Hechos
Romanos
1 y 2 Corintios
Gálatas, Efesios
Filipenses, Colosenses y Filemón
1 y 2 Tesalonicenses, 1 y 2 Timoteo, Tito
Hebreos y Santiago
1 y 2 Pedro, 1, 2 y 3 Juan, Judas
Apocalipsis

EL LLAMADO DE Cristo A REFORMAR la iglesia

LO QUE EL SEÑOR ESPERA DE SU PUEBLO

JOHN MACARTHUR

EDITORIAL PORTAVOZ

La misión de *Editorial Portavoz* consiste en proporcionar productos de calidad —con integridad y excelencia—, desde una perspectiva bíblica y confiable, que animen a las personas a conocer y servir a Jesucristo.

Publicado originalmente en inglés en Estados Unidos por Moody Publishers, 820 N. LaSalle Blvd., Chicago, IL 60610 con el título *Christ's Call to Reform the Church*,

Traducción: Ricardo Acosta

Las cursivas en los versículos bíblicos son énfasis del autor.

EDITORIAL PORTAVOZ
2450 Oak Industrial Drive NE
Grand Rapids, Michigan 49505 USA
Visítenos en: www.portavoz.com

ISBN 978-0-8254-5798-2 (rústica)
ISBN 978-0-8254-6713-4 (Kindle)
ISBN 978-0-8254-7533-7 (epub)

2 3 4 5 edición / año 29 28 27 26 25 24 23 22

Impreso en los Estados Unidos de América
Printed in the United States of America

A Bob y Linda McIntyre: amigos queridos y compañeros dedicados y valiosos en el ministerio. Su servicio sacrificial por la causa de Cristo es un gran estímulo y un ejemplo vibrante para mí y para todos nosotros en la familia de Grace to You (Gracia a Vosotros).

Contenido

Introducción

El Señor Jesucristo escribió, en el libro de Apocalipsis, siete cartas a ciudades en Asia Menor. No las escribió al ayuntamiento sino a la iglesia.

Piense en eso por un momento. En los capítulos finales de las Escrituras, el Señor no llama a su iglesia para una misión de "redimir la cultura". No aconsejó a su pueblo que aprovechara el poder político para instituir moralidad, o para protestar contra el gobierno de individuos inmorales. Es más, Él no lanzó una revolución social ni ideó una estrategia política de ninguna clase.

La iglesia de nuestro tiempo —y en particular la iglesia en los Estados Unidos— debe entender que Dios no ha llamado a su pueblo a salir del mundo simplemente para librar una guerra cultural con el mundo. No estamos destinados a ganar terreno temporal como alguna fuerza invasora que lucha superficialmente para "hacer que este país regrese a Dios". Debemos liberarnos de la ilusión de que la moralidad de nuestros antepasados convirtió una vez a los Estados Unidos en una "nación cristiana". Nunca ha habido naciones cristianas, solo ha habido cristianos.

Los creyentes debemos entender que lo que ocurra política y socialmente en los Estados Unidos no tiene nada que ver con el avance o el poder del reino de Dios. El cambio cultural no acelera el crecimiento del reino, ni puede obstaculizarlo (véase Mt. 16:18). El reino de Cristo "no es de este mundo" (Jn. 18:36).

Eso no quiere decir que yo desprecie nuestro proceso democrático o que sea desagradecido por tener una voz en él. Es una gran bendición tener voto y poder apoyar las normas bíblicas de la moral. Muchos cristianos a lo largo de la historia de la iglesia han vivido circunstancias mucho peores que las nuestras, sin medios legales para hacer algo al respecto.

Pero la presunción de que un movimiento social o una influencia política podrían llevar a cabo un gran cambio espiritual en el mundo es evidencia de una grave falta de comprensión del pecado. Los creyentes debemos concentrar nuestras energías en el ministerio que puede transformar vidas, no en leyes. La obra del reino de Dios no tiene que ver con reformar gobiernos, reescribir regulaciones, o reconstruir la sociedad en alguna versión de una utopía cristiana. En el mejor de los casos, los esfuerzos de justicia política y social son soluciones externas de corto plazo para los males morales de la sociedad, y no hacen *nada* por abordar la problemática personal, interna y dominante de los corazones pecadores que odian a Dios (véase Ro. 8:7), los cuales solo pueden ser rescatados de la muerte eterna por fe en el Señor Jesucristo.

LA MORALIDAD CONDENA

La moralidad por sí sola no es una solución; condena tanto como la inmoralidad. La moralidad no puede convertir el corazón de piedra en carne, no puede romper las cadenas del pecado, ni puede reconciliarnos con Dios. En ese sentido, la moralidad por sí sola es tan vacía para salvar como cualquier religión satánica.

Jesús se enfrentó a las personas más religiosas y externamente morales en su mundo, en particular a los sacerdotes, escribas y expertos en la ley del Antiguo Testamento. Él declaró: "No he venido a llamar a justos, sino a pecadores" (Mr. 2:17). Y en Mateo 23 pronunció sus acusaciones más fuertes contra el orden religioso de la época: el partido de los fariseos. Estos eran los hombres más piadosos de la nación, que guardaban meticulosamente la ley de Dios y seguían fielmente la tradición rabínica. Jesús les advierte: "¡Ay de vosotros, escribas y fariseos, hipócritas!" (v. 13). La palabra "ay" es el equivalente a decir "malditos son". Jesús está pronunciando condenación y juicio sobre ellos, y repite la misma frase una y otra vez en los versículos que siguen; los llama "guías ciegos" en el versículo 16, ya que llevaban a Israel por mal camino a través de su moral vacía y piadosa.

Ni cambio social ni moralismo fueron alguna vez el mensaje de los profetas del Antiguo Testamento. Nunca fueron el mensaje del Mesías ni de los escritores del Nuevo Testamento. Ese nunca ha sido en absoluto el mensaje de Dios para el mundo. Es más, Isaías nos asegura que "todas nuestras justicias [son] como trapo de inmundicia" (Is. 64:6). La moralidad del ser humano en su máxima expresión no es más que trapos inmundos y contaminados.

Además, en Romanos 3:10-12 se nos advierte: "No hay justo, ni aun uno... No hay quien haga lo bueno, no hay ni siquiera uno". Por tanto, cualquier justicia imaginaria que el hombre tenga, cualquier moralidad superficial que exhiba, solo es una farsa. No hay nadie justo, no importa con qué tipo de apariencia piadosa nos presentemos.

Las personas *pueden* cambiar sus vidas. Pueden tener un momento de crisis y decidir alejarse de la inmoralidad o la adicción y empezar una nueva vida. Hasta cierto punto, pueden limpiar sus acciones simplemente mediante la aplicación del esfuerzo humano y una gran determinación. Si suficientes individuos hacen eso, puede haber una ligera mejoría moral en la sociedad humana. Pero reformar la conducta no tiene nada que ver con la relación entre las personas y Dios; carece de medios para sacarlas de la esclavitud del pecado y llevarlas al reino de Cristo. Lo mejor que la moralidad puede hacer es convertir a la gente en otro grupo de fariseos condenados. La moralidad no puede salvar a nadie de la culpa ni alimentar auténtica piedad. Los fariseos y las prostitutas comparten el mismo infierno.

La presión a favor de la moralidad cultural o incluso la justicia social es una distracción peligrosa de la obra de la iglesia. Desperdicia inmensas cantidades de recursos valiosos, incluso tiempo, dinero y energía. Efesios 5:16-17 insta a los creyentes a "[aprovechar] bien el tiempo, porque los días son malos. Por tanto, no seáis insensatos, sino entendidos de cuál sea la voluntad del Señor". Y la voluntad del Señor no es una cultura gobernada por equidad social ni por fariseísmo institucionalizado.

La palabra *evangélico* se deriva de la expresión griega para "evangelio". Originalmente se aplicaba a cristianos que entendían que el evangelio es el núcleo y la misma esencia de la doctrina cristiana, y por tanto debe protegerse a toda costa. Sin embargo, la palabra *evangélico* está hoy pintada con tantos colores sociales y políticos que se ha convertido en un término político rechazado por la mayor parte de la sociedad e incluso por los cristianos más practicantes.

EL VERDADERO LLAMADO DE LA IGLESIA

La voluntad de Dios *no* es que nos politicemos tanto que convirtamos nuestro campo misionero en nuestro enemigo. Los cristianos tienen razón en repudiar el pecado, y declarar sin ninguna ambigüedad que es una ofensa para nuestro Dios santo. Eso incluye pecados como el aborto, la homosexualidad, la promiscuidad sexual y cualquier otro pecado que nuestra cultura corrupta afirme que debemos aceptar. Pero una cultura vendida a pecados como esos no va a sanearse —y mucho menos a ganarse— con protestas furiosas y políticas partidistas. Es inútil creer que un remedio legislativo sea la solución a la bancarrota moral de nuestra cultura. No hay ley que pueda hacer justos a pecadores caídos (véase Gá. 2:21).

Timoteo ministró en una cultura que era por lo menos tan mala como la nuestra. Nada en las instrucciones de Pablo a su joven discípulo sugirió que Timoteo debía tratar de redimir la *cultura*. En realidad, le dijo a Timoteo que las cosas empeorarían (2 Ti. 3:13). Lo que la gente de este mundo depravado necesita es el evangelio. Es necesario decirles que sus pecados pueden ser perdonados y que pueden librarse de las cadenas del pecado y del sistema del mundo. Los creyentes no tenemos ningún derecho de tratar a los pecadores perdidos con desprecio u odio. Nuestra actitud hacia nuestros prójimos debería ser un reflejo del amor de Cristo por ellos, no una expresión de nuestro desacuerdo con sus políticas o incluso con su moralidad. No tenemos derecho a negarles las buenas nuevas de la salvación, tal como Jonás trató de hacer con los ninivitas. Debemos asegurarnos de que los pecadores perdidos que nos rodean sepan que los amamos tanto como para ofrecerles perdón de Dios. Existe un odio santo hacia el pecado, pero Cristo incluso mostró su simpatía llorando por los perdidos, y nosotros también debemos hacerlo.

El mundo es como es hoy día porque así es el mundo, y la iglesia debe confrontarlo con la verdad completa. Es hipocresía que los cristianos critiquen al mundo secular por la forma en que los incrédulos se comportan, cuando tantas iglesias lo validan ya sea creyendo en su capacidad de redimirlo mediante el poder humano, u organizando un circo mundano de entretenimiento y distracciones baratas de los problemas reales. Es hora de que la iglesia se centre en el ministerio de la reconciliación, a fin de que el pueblo de Dios predique valiente y fielmente el evangelio del Señor y la iglesia sea sal y luz en este mundo siniestro y desesperado (Mt. 5:13-16). Ese fue el Mensaje del Señor a las iglesias en Apocalipsis. Les ordenó que se deshicieran de la mundanalidad y la corrupción, que renovaran su amor por Él, y que guardaran la pureza de su evangelio y de su iglesia. Casi cada amonestación, reprensión, advertencia y llamado al arrepentimiento que nuestro Señor hace en estas cartas se aplica a la iglesia del siglo XXI, incluso a muchas de las iglesias más conocidas e influyentes hoy día. Es hora de que pongamos atención a las cartas a esas iglesias en Apocalipsis y al llamado de Cristo a reformar su iglesia.

1

El llamado a la iglesia al arrepentimiento

¿Has oído alguna vez de una iglesia que se arrepintiera? No me refiero a individuos, sino a toda una iglesia que de manera colectiva reconociera sus transgresiones congregacionales y se arrepintiera franca y auténticamente, con tristeza y quebrantamiento bíblico.

Lo lamentable es que tal vez no hayas oído algo así.

En realidad, ¿has oído hablar alguna vez de un pastor que llamara a su iglesia a arrepentirse y que, de no hacerlo, amenazara a su congregación con el juicio divino?

Es poco probable. Los pastores de hoy parecen tener muchas dificultades en llamar a los individuos al arrepentimiento, mucho menos en llamar a toda la iglesia a rendir cuentas por sus pecados colectivos. Es más, si un pastor fuera tan valiente como para guiar a su iglesia al arrepentimiento, es posible que no sea pastor de ese lugar por mucho más tiempo. Como mínimo, enfrentaría resistencia y desprecio del interior de la congregación. Es posible que esa reacción inevitable sea tan fuerte como para generar una clase de temor preventivo, impidiendo a la mayoría de líderes de iglesias considerar incluso un llamado al arrepentimiento colectivo.

Por otro lado, si un pastor o líder de iglesia se atreve a llamar al arrepentimiento a *otra* iglesia en lugar de la suya propia, casi con seguridad será acusado de ser crítico, conflictivo y de excederse en el ejercicio de su autoridad. Enfrentará un coro de voces que le dirán que se meta en sus propios asuntos. Por tanto, al calumniarlo se despeja el camino para que la iglesia confrontada eluda por completo la amonestación hecha por dicho pastor.

La realidad es que las iglesias casi nunca se arrepienten. Las que empiezan a recorrer una senda de mundanalidad, desobediencia y apostasía por lo general con el tiempo se alejan aún más de la ortodoxia. Casi nunca recuperan su sensatez original. Rara vez se apartan de sus pecados colectivos contra el Señor. Raramente se vuelven de la corrupción, inmoralidad y falsa doctrina. Muy pocas veces piden perdón, limpieza y restauración desde lo profundo de sus corazones. La mayoría nunca considera hacer esto porque se ha acomodado con su condición.

En realidad, llamar a la iglesia al arrepentimiento y la reforma puede ser muy peligroso. La historia de la iglesia está repleta de ejemplos.

LA GRAN EXPULSIÓN

El nombre "puritano" fue concebido como un término de burla y desprecio. Se aplicó a un grupo de pastores anglicanos en la Inglaterra de los siglos XVI y XVII que intentaron purificar la iglesia de las influencias y prácticas católico-romanas remanentes. Estos pastores puritanos llamaron una y otra vez a las iglesias de Inglaterra a arrepentirse de su extensa carnalidad, herejía y corrupción sacerdotal. Pero la Iglesia anglicana no se arrepintió. No podían negar la necesidad de una reforma, pero querían algo "intermedio" en lugar de una reforma total.

Los que tenían el control de la jerarquía anglicana permanecieron impenitentes, pero no pasivos. Estaban decididos a silenciar las voces que los llamaban a arrepentirse. Durante décadas, los puritanos enfrentaron hostilidad y persecución tanto de líderes eclesiales como de gobernantes políticos. Muchos sufrieron y murieron por su fe, mientras que muchos más soportaron encarcelamiento y tortura por causa de Cristo. La persecución alcanzó niveles máximos en 1662, cuando el parlamento inglés emitió el Acta de Uniformidad. El decreto básicamente prohibió cualquier cosa distinta a la doctrina y práctica anglicana. Eso llevó a un día monumental y trágico en la historia espiritual de Inglaterra: el 24 de agosto de 1662, conocido comúnmente como la Gran Expulsión. Ese día doscientos pastores puritanos fueron despojados de su ordenación y expulsados permanentemente de sus iglesias anglicanas.

Esos puritanos fieles comprendieron que la Iglesia de Inglaterra debía arrepentirse y reformarse antes que la nación alguna vez se volviera a Cristo. Pero en lugar de rechazar su maldad y corrupción, los líderes impenitentes de la Iglesia de Inglaterra intentaron acallar a todo aquel que clamara por arrepentimiento y restauración.

La historia posterior revela que la Gran Expulsión no fue un acontecimiento aislado con importancia temporal. La confusión espiritual no terminó una vez que los puritanos fueron excomulgados y separados de sus congregaciones. Es más, se puede asegurar que la Gran Expulsión fue un desastre espiritual que sirve como una clara y siniestra línea divisoria en la historia de Inglaterra que tiene repercusiones hasta el día de hoy.

Uno de tales ministros expulsados fue Matthew Meade, quien escribió en cuanto a la Gran Expulsión: "Este día trágico merece ser escrito en letras negras en el calendario de Inglaterra".[1] Iain Murray describe las consecuencias espirituales de ese fatídico día: "Después de

1. Matthew Meade, "Remedying the Sin of Ejecting God's Ministers", en C. Matthew McMahon, ed., *Discovering the Wickedness of our Heart* (Crossville, TN: Puritan Publications, 2016), p. 174.

silenciar a los dos mil, entramos en una era de racionalismo y frialdad en el púlpito e indiferencia en las bancas, una era en que el escepticismo y la mundanalidad contribuyeron a reducir la religión nacional a una simple parodia del cristianismo del Nuevo Testamento".[2]

J. B. Marsden vio el hecho como una invitación para el juicio del Señor. Así escribió: "Es presuntuoso fijarse en ocurrencias particulares como pruebas del desagrado de Dios; pero nadie negará que un curso largo e ininterrumpido de desastres indica con mucha seguridad, ya sea para una nación o una iglesia, que el favor divino se ha retirado. En los cinco años de la expulsión de los dos mil inconformes, Londres fue devastada dos veces".[3] Marsden no estaba equivocado. La Gran Expulsión ocurrió en el verano de 1662. En 1665, una epidemia de peste bubónica azotó a Londres, matando a más de cien mil personas, casi la cuarta parte de los habitantes. Al año siguiente, un enorme incendio arrasó a Londres, incinerando más de trece mil casas, casi cien iglesias (incluso la Catedral de San Pablo) y diezmando la mayor parte de la ciudad. Muchos historiadores concuerdan con Marsden, viendo tales desastres como retribución divina por la impenitencia de Inglaterra.

Sin embargo, esos desastres no se comparan con las consecuencias espirituales de la apostasía de Inglaterra. Tras citar la peste y el incendio, Marsden continuó: "Se produjeron otras calamidades más duraderas y mucho más terribles. La religión en la iglesia de Inglaterra casi se extinguió, y en muchas de sus parroquias se apagó la lámpara de Dios".[4]

J. C. Ryle, quien sirvió como obispo de Durham a finales del siglo XIX, resumió de este modo el costo espiritual de la impenitencia de la Iglesia anglicana: "Creo que [la Gran Expulsión] hizo

---

2. Iain Murray, ed., *Sermons of the Great Ejection* (Londres: Banner of Truth Trust, 1962), p. 8.

3. John Buxton Marsden, *The History of the Later Puritans: From the Opening of the Civil War in 1642, to the Ejection of the Non-Conforming Clergy in 1662* (Londres: Hamilton, Adams, & Co., 1854), pp. 469-70.

4. *Ibíd.*, p. 480.

un gran daño a la causa de la religión verdadera en Inglaterra, la cual probablemente nunca será reparada".[5] De hecho, a lo largo de los siglos que siguieron, Inglaterra ha sucumbido a una cultura de liberalismo, invadida con iglesias frías y muertas e inundada de apostasía y tinieblas espirituales.

Y a pesar de los siglos de frutos repugnantes que surgieron del Acta de Uniformidad y la Gran Expulsión, la Iglesia de Inglaterra falló en conseguir su objetivo primordial. Los puritanos fueron desterrados, pero no silenciados. Muchos de los hombres que fueron expulsados de sus iglesias pasaron a tener influencia que continúa hasta el día de hoy. Los incondicionales espirituales como Richard Baxter, John Flavel, Thomas Brooks y Thomas Watson estuvieron entre aquellos que perdieron sus púlpitos en 1662 pero siguieron fielmente como predicadores fuera de la ley. Junto con muchos otros siguieron exponiendo la corrupción de la Iglesia anglicana y pidiendo su arrepentimiento. En ese sentido, continuaron con el legado que comenzó con los reformadores más de un siglo antes.

EL LEGADO DE LA REFORMA

La Iglesia católica romana en la Europa medieval tenía un dominio absoluto sobre todos los asuntos pertenecientes a la vida espiritual. En una época en que los ejemplares de la Biblia eran escasos e inaccesibles para todos menos los clérigos, la jerarquía de Roma se estableció como la guardiana, controlando el acceso a las Escrituras, y por tanto a Dios. Los sacerdotes otorgaban perdón, concedían bendición, y servían como árbitros de la recompensa eterna.

Para el siglo XV, la iglesia estaba inundada con capas de corrupción institucional. Más allá de un velo transparente de piedad, la iglesia estaba saturada de inmoralidad y maldad. A lo largo de la cristiandad, los feligreses luchaban por sobrevivir y llevar a duras

5. J. C. Ryle, "Baxter and His Times", en *Lectures Delivered Before the Young Men's Christian Association*, vol. 8 (Londres: James Nisbet and Co., 1853), p. 379.

penas una existencia humilde, mientras la clase religiosa dominante se aprovechaba de la ignorancia de la gente para llenarse los bolsillos y extender su autoridad. Los papas y arzobispos llevaban vidas depravadas de extravagantes excesos y desenfrenada lascivia. La iglesia regía con puño de hierro, supervisando incluso a los gobiernos e influyendo en todos los aspectos de la vida medieval.

En esencia, la Iglesia católica romana medieval era un terreno fértil para la herejía y el engaño espiritual. Pero incluso en medio de esta corrupción dominante, el Señor aún estaba redimiendo a los suyos y construyendo su iglesia verdadera. Algunas iglesias existían y hasta prosperaban fuera de la autoridad de Roma. El Señor también utilizó hombres fieles y valientes como Juan Wyclif y Juan Huss para rechazar y repudiar el dogma católico extrabíblico, para quitarle la máscara de piedad y poner al descubierto la corrupción interna. Al igual que los puritanos siglos después en Inglaterra, estos hombres no buscaban derrocar la iglesia, sino que esperaban llamarla al arrepentimiento y ayudar a restaurarla a la ortodoxia bíblica. Y por sus esfuerzos, ambos hombres fueron excomulgados y quemados como herejes. (Wyclif fue excomulgado retroactivamente décadas después de su muerte. Su cuerpo fue realmente exhumado e incinerado, sus huesos aplastados, y los huesos y las cenizas esparcidos en el río Swift).

Aunque la Iglesia católica tomó medidas extremas para acallar a Wyclif, Huss y otros como ellos, la verdad que predicaban sobrevivió y allanó el camino para que un ferviente monje alemán transmitiera el legado de ellos y diera un golpe decisivo contra la fortaleza papal. Al igual que aquellos antes que él, Martín Lutero no se lanzó a un curso abiertamente rebelde para derrocar o destronar a la iglesia. Pero de su estudio ferviente de las Escrituras, y a través de la iluminación del Espíritu Santo, Lutero llegó a un conocimiento salvador del Señor Jesucristo y a una comprensión clara de la desviación de Roma de la verdad del evangelio.

Los historiadores identifican el estallido de la Reforma como el 31 de octubre de 1517, el día en que Lutero clavó sus noventa y cinco tesis en la puerta de la iglesia en el Castillo de Wittenberg. En ese tratado fundamental, Lutero, aún no convertido, argumentó en contra de las tradiciones abusivas de la Iglesia católica, en particular, la venta de indulgencias.

Las indulgencias eran un medio para que los católicos compraran la manera de salir de la penitencia y el purgatorio; también podían comprarse a favor de seres amados fallecidos. Con una tasa de mortalidad sumamente alta e igualmente cortas expectativas de vida (y colgando constantemente sobre ellos la amenaza de la iglesia de pasar siglos en el purgatorio), en su mayoría las personas darían un paso adelante con alguna esperanza de no languidecer en la otra vida, en algún lugar de detención fuera del cielo.

Bajo el papa León X, la iglesia medieval usaba la venta de indulgencias para ayudar a la construcción de elaboradas estructuras como la Basílica de San Pedro en Roma.[6] Un monje perspicaz llamado Johann Tetzel fue uno de sus vendedores más exitosos.

Tetzel era ingenioso en su malicia, perfeccionando un magistral argumento de ventas para aprovecharse de la simplicidad crédula de los feligreses católicos. Exhortaba muy bien a las multitudes con la promesa: "Tan pronto caiga la moneda a la cajuela, el alma del difunto al cielo vuela". ¿Qué mayor esperanza podría haber para una clientela de campesinos analfabetos y supersticiosos?

Lutero estaba furioso por la extorsión de Tetzel patrocinada por la iglesia. Sus noventa y cinco tesis significaron un repudio público de la práctica y un asalto directo a la codicia de la iglesia. La tesis ochenta y seis echaba la culpa directamente al mismo papa: "¿Por qué el papa, cuya riqueza es hoy día mayor que la del más rico de los Craso, no construye esta basílica de San Pedro con su propio dinero y no con el dinero de creyentes pobres?".

---

6. La Iglesia católica aún ofrece indulgencias hasta el día de hoy, aunque ya no representa la monumental petición de fondos que una vez fue. En lugar de eso, los católicos pueden recibir indulgencias por simples "actos de piedad y devoción" como seguir al papa en Twitter.

Esas noventa y cinco tesis iniciaron la Reforma, pero no significaron su principal campo de batalla. Es más, Lutero aún no había llegado a la verdadera fe y al verdadero arrepentimiento en el momento de su escrito; fue salvo poco después. La doctrina de justificación por fe es desde luego un argumento insuperable contra la venta de indulgencias, por lo que es significativo que las noventa y cinco tesis omitieran cualquier mención de esa doctrina. Esto indica que la "Experiencia de la torre" de Lutero, cuando finalmente entendió el significado de ser justificado solo por fe, ocurrió en algún momento posterior a la publicación de las tesis. Los eruditos e historiadores no consiguen determinar el año exacto en que Lutero tuvo su despertar, pero él lo contaba a menudo, y parecía verlo como el momento de su verdadera conversión. He aquí cómo describió lo sucedido:

> Las palabras "justo" y "justicia de Dios" golpearon mi conciencia como un rayo. Cuando las escuché, quedé sumamente aterrado. Si Dios es justo [pensé], debe castigar. Pero cuando en la torre y el cuarto calentado de este edificio, por la gracia de Dios reflexioné en las palabras: "El justo por la fe vivirá" [Romanos 1:17] y "la justicia de Dios" [Romanos 3:21], pronto llegué a la conclusión de que si nosotros, como hombres justos, debemos vivir por la fe y si la justicia de Dios contribuye a la salvación de todos los que creen, entonces la salvación no será por nuestro mérito sino por la misericordia de Dios. Mi espíritu fue así animado. Porque es por la justicia de Dios que somos justificados y salvados a través de Cristo. Estas palabras [las que antes me habían aterrado] ahora se volvieron más agradables para mí. El Espíritu Santo reveló las Escrituras para mí en esta torre.[7]

---

7. Helmut T. Lehmann, ed., Theodore G. Tappert, ed. y trad., *Luther's Works (vol. 54): Table Talk* (Filadelfia: Fortress, 1967), pp. 193-94.

La verdad de que los creyentes son justificados solo por fe se convirtió en el centro de todo el debate de la Reforma. Ese principio (*sola fe*) es por tanto conocido como el *principio fundamental* de la Reforma. Pero fue el *principio formal* de la Reforma, *solo la Escritura* —la autoridad y la suficiencia de las Escrituras— lo que motivó a Lutero a escribir y publicar las noventa y cinco tesis. Su compromiso con ese principio fue evidente incluso en sus primeros escritos antes de su conversión.

Juan Calvino, Ulrico Zuinglio, Felipe Melanchthon, Teodoro de Beza, Juan Knox y muchos más tuvieron esa misma convicción y pelearon la misma batalla en diferentes frentes, a fin de rescatar y preservar la autoridad de la Palabra de Dios en su iglesia contra la tiranía del papa y las herejías de la Iglesia católica. La supremacía y autoridad de las Escrituras fueron el corazón palpitante de la Reforma del cual fluyeron todos los demás principios fundamentales.

En defensa de su obra ante la Dieta de Worms, Lutero proclamó con valor su sometimiento únicamente a las Escrituras:

> A menos que yo esté convencido por el testimonio de las Escrituras o por clara razón (porque no confío ni en el papa ni en los concilios, ya que es bien sabido que se han equivocado a menudo y se han contradicho), estoy obligado por las Escrituras que he citado y mi conciencia está cautiva a la Palabra de Dios. No puedo retractarme ni me retractaré de nada, puesto que no es seguro ni correcto irme contra la conciencia. Que Dios me ayude. Amén.[8]

Quinientos años después, hombres fieles sirven a la sombra de estos grandes guerreros de Dios y trabajan en transmitir su legado de fidelidad bíblica y verdad evangélica. Además, llevamos a cabo

8. Martin Brecht en Helmut T. Lehmann, ed., James L. Schaaf trad., *Luther's Works (vol. 1): Martin Luther* (Filadelfia: Fortress, 1985), p. 460.

la protesta que emprendieron, no simplemente contra Roma sino contra cualquier sistema, iglesia o pastor autodenominado que se desvíen de la Palabra de Dios en la vida de la iglesia. Y trágicamente, la iglesia del siglo XXI puede estar enfrentando mayores amenazas de las que alguna vez soportó bajo Roma.

PATOLOGÍA DE UNA IGLESIA APÓSTATA

Pensemos en el terreno espiritual que se pierde cuando la iglesia entrega la autoridad bíblica. Si las Escrituras no hablaran con autoridad absoluta e infalible, la oferta de justificación por gracia por medio de la fe no podría extenderse a pecadores desesperados. No podría argumentarse a favor de la suficiencia de Cristo como el sacrificio por los pecados, o de su gobierno como Cabeza de la iglesia. No podríamos aferrarnos a la gloriosa verdad de la imputación: en la cruz, "Dios hizo que Cristo, quien nunca pecó, fuera la ofrenda por nuestro pecado, para que nosotros pudiéramos estar en una relación correcta con Dios por medio de Cristo" (2 Co. 5:21, NTV). Sin tales verdades no tendríamos garantía de que la ira de Dios se hubiera satisfecho. No podría haber seguridad de fe, esperanza del cielo, ni confianza en las promesas divinas.

Por otro lado, acabar con la autoridad de las Escrituras —o simplemente someterla a la autoridad de seres humanos— allanaría deliberadamente el camino para que la falsa doctrina y los falsos maestros se infiltren en el rebaño de Dios. Invitaría a la confusión teológica, elevando las palabras de hombres falibles por sobre la infalible Palabra de Dios. Esto estaría diseñado para intercambiar el evangelio de la gracia por un sistema de obras de justicia centrado en el ser humano. Además, contaminaría la pureza de la verdad de Dios, ensombreciendo la doctrina bíblica con superstición, tradición, revelación extrabíblica y engaño demoníaco.

Esa es una amplia manera de resumir las varias desviaciones que han dominado a la Iglesia católica romana desde antes de la época de Lutero. Pero también es una descripción adecuada de la Iglesia protestante *de hoy.* Si eso parece exagerado, pensemos en estas preguntas: ¿Qué diferencia demostrable hay entre las indulgencias de Tetzel, y el agua bendita y los trozos ungidos de tela vendidos por charlatanes carismáticos a sus enormes audiencias? ¿Cuál es la diferencia entre un papa que habla *ex cátedra* y un pastor que hace una exposición de sus sueños e impresiones mentales como nueva revelación de parte del Señor? ¿Y qué separa la veneración a María y a los santos del modo en que los autoproclamados apóstoles de hoy visitan las tumbas de sus antepasados para "empaparse" de la unción del difunto?

Peor aún, la misma clase de corrupción e inmoralidad desenfrenadas que la Iglesia romana intentó ocultar una vez, ahora se festeja y se alienta en muchas congregaciones protestantes. Lejos de ser conocidas por su *pureza,* muchas iglesias modernas se desviven por adoptar o imitar el libertinaje de la cultura secular. Los pastores interpretan películas de Hollywood en lugar de las Escrituras. Las reuniones de buscadores sensibles en megaiglesias a menudo parecen y se sienten más como conciertos de rock o espectáculos de cabaret que cultos de adoración. Los líderes de iglesia con mentalidad de celebridades parecen más interesados en lo estilizado y comercializable que en lo bíblicamente sano y sólido. Es sorprendente que haya incluso algunas iglesias ostensiblemente evangélicas cuyos dirigentes están orgullosos de que sus miembros sean abiertos, acogedores, súper tolerantes, o incluso condescendientes con adúlteros en serie, fornicarios con corazón de piedra, homosexuales impenitentes, inmorales adoradores de ídolos, y hasta formas de paganismo. Están *orgullosos* de todo eso.

Muchas otras congregaciones están en una senda más lenta hacia el mismo destino. Aunque quizás no festejen abiertamente la inmoralidad, no hacen nada para erradicarla en medio de ellos. El pecado no se confronta, y no se practica fielmente la disciplina de la iglesia. Con el tiempo, la conciencia —tanto individual como colectivamente— se enfría, el pecado no confesado se vuelve la norma, y la iglesia no muestra ninguna diferencia apreciable del mundo.

Todo eso es evidencia de falta de sumisión a la palabra de Dios y de una decreciente preocupación por la verdad doctrinal y la pureza y protección que produce. Nacido de la convicción de que los creyentes verdaderos deben separarse de una iglesia apóstata, el protestantismo apenas ha necesitado quinientos años para cultivar sus propias variedades de apostasía. Al igual que los israelitas en el libro de Jueces, la iglesia protestante parece decidida a repetir los errores de su pasado en lugar de aprender de ellos. La acusación de Pablo a las iglesias de Galacia se aplica a gran parte de la iglesia evangélica: "¡Oh gálatas insensatos! ¿quién os fascinó para no obedecer a la verdad, a vosotros ante cuyos ojos Jesucristo fue ya presentado claramente entre vosotros como crucificado?" (Gá. 3:1). Una reciente encuesta nacional reveló que el 52 por ciento de creyentes evangélicos cree que la salvación viene por fe y obras combinadas. Solo el 30 por ciento afirma la *sola fe* y la *sola Escritura*.[9] Los protestantes evangélicos "hechizados" están desintegrando la Reforma. La protesta ha terminado en gran parte.

Caer en la apostasía no ocurre de la noche a la mañana; los cambios son lentos y firmes. Rechazar la autoridad y prioridad de las Escrituras es el primer paso, seguido generalmente por una sucesión de concesiones: *tal vez podamos ser más relevantes e invitar al mundo si no tomamos tan en serio este versículo o ese pecado*. Una vez que la iglesia determina que su propósito es engranar en la cultura y atraerla, en lugar de edificar y preparar a los santos, toma un sendero que siempre dirige hacia la mundanalidad y la apostasía. No hace mucho tiempo, el pastor de una de las iglesias más grandes en

9. Pew Research Center, "U.S. Protestants Are Not Defined by Reformation-Era Controversies 500 Years Later" (31 de agosto de 2017), http://www.pewforum.org/2017/08/31/u-s-protestants-are-not-defined-by-reformation-era-controversies-500-years-later/.

Estados Unidos dijo a líderes de la iglesia que no deberían permitir que la doctrina se interpusiera en la manera de ganar personas. Un escritor comprensivo resumió en pocas palabras su exhortación: "No ponga la teología por sobre el ministerio".[10] Las iglesias de hoy están tan interesadas en atraer pecadores que intentan sepultar su teología debajo de la alfombra de bienvenida.

El modelo antibíblico de alcance constituye la misma capacidad torpe de muchas iglesias de alcanzar el mundo con el evangelio. Llenar las bancas con incrédulos cómodos e inmutables es la manera más rápida de confundir y corromper la obra de la iglesia. Dios no ha llamado a su pueblo a salir del mundo para ir tras sus tendencias en vanos intentos de parecer relevante. La iglesia no puede ser sal y luz en este miserable mundo si no nos distinguimos de la gente mundana (véase Mt. 5:13-16).

LAS SUPUESTAS VENTAJAS DE LA IGLESIA PRIMITIVA

A fin de frenar tales tendencias mundanas y simplificar la obra del ministerio, algunos cristianos de hoy claman por un regreso al modelo de la iglesia primitiva. Creen que lo que debilita e inhibe la obra de la iglesia de hoy es su misma estructura. Las llamadas megaiglesias con enormes instalaciones, legiones de líderes, y congregaciones demasiado grandes que deben subdividirse en forma interminable... son supuestamente los villanos que han corrompido y confundido a la iglesia en los últimos años.

Ese argumento sugiere que los cristianos no pueden funcionar y servir en todo su potencial en un ambiente de iglesia grande, y que el modelo del Nuevo Testamento de pequeñas iglesias en casas libera

10. Kevin Porter, "Andy Stanley at Catalyst Cincinnati: Don't Put Theology Above Ministry, Let Cultural Issues Bump People Out", *The Christian Post* (23 de abril de 2016), https://www.christianpost.com/news/andy-stanley-at-catalyst-cincinnati-dont-put-theology-above-ministry-let-cultural-issues-bump-people-out-162414/.

al pueblo de Dios para enfocarse en lo que más importa. Cuando no hay un edificio que mantener, ni una denominación que apoyar (o a la cual someterse), ni supervisión institucional, la iglesia está libre para servir al Señor y alcanzar la comunidad que la rodea. Esto se ofrece como un intento de regresar a la simplicidad descrita en Hechos 2:42: "Perseveraban en la doctrina de los apóstoles, en la comunión unos con otros, en el partimiento del pan y en las oraciones". ¡Pero esa era una iglesia de tres mil personas!

Sin embargo, solo tenemos que mirar el Nuevo Testamento para ver que la vida en la iglesia del primer siglo era cualquier cosa menos idílica. Pequeñas congregaciones, organización simplificada y proximidad a los apóstoles no dieron a la iglesia primitiva las ventajas espirituales y el aislamiento que podríamos suponer. Es más, vemos muchos de los males que atormentan a la iglesia de hoy mostrándose en sus primeras encarnaciones. En pocas palabras, la pureza de la iglesia primitiva está sobrevalorada.

Y en ninguna parte eso es más aparente que en el libro de Apocalipsis.

UN APÓSTOL EXILIADO

Con frecuencia pensamos en el Apocalipsis como una mirada profética a la segunda venida de Cristo. Pensamos en el juicio que espera al mundo porque "he aquí que [el Señor] viene con las nubes, y todo ojo le verá, y los que le traspasaron; y todos los linajes de la tierra harán lamentación por él" (Ap. 1:7). Solemos ver con horror la promesa de la ira de Dios, pero también con una sensación de alivio de que esta no caerá sobre nosotros.

Pero antes que las visiones del libro del Apocalipsis revelen el tema del juicio de Dios contra los pecadores no arrepentidos y el regreso de Cristo, empieza con tres capítulos dirigidos a las iglesias. Específicamente, Cristo dicta un mensaje a través del apóstol Juan a las siete iglesias en Asia Menor: "Escribe en un libro lo que ves, y envíalo a las siete iglesias que están en Asia: a Éfeso, Esmirna, Pérgamo, Tiatira, Sardis, Filadelfia y Laodicea" (1:11).

Esas eran congregaciones reales localizadas en ciudades a lo largo de lo que hoy conocemos como Turquía, enumeradas en un orden que sigue la antigua ruta postal. Cada una de tales iglesias fue fundada como fruto del ministerio de los apóstoles (principalmente Pablo), con Éfeso sirviendo como la iglesia madre para las demás en esa región. Hacia el final de su vida, Juan ministró en la iglesia en Éfeso, lo que le brindó una conexión íntima con todas aquellas congregaciones.

Sin embargo, cuando el Señor le reveló el Apocalipsis, Juan estaba viviendo en el exilio en una colonia penal en la isla rocosa de Patmos.

La noche en que Cristo fue arrestado, el Señor mismo había advertido a sus discípulos que la persecución era inminente: "Si el mundo os aborrece, sabed que a mí me ha aborrecido antes que a vosotros... Si a mí me han perseguido, también a vosotros os perseguirán" (Jn. 15:18, 20).

No pasó mucho tiempo antes que la persecución estuviera en pleno vigor. La iglesia enfrentó oposición desde del principio, inicialmente de los dirigentes religiosos de Israel. Del mismo modo, soportó las hostiles sospechas de Roma. La cultura romana estaba dominada por la religión pagana y libertina. Los cristianos no encajaban en ella ni podían participar de mucho de lo que constituía la vida cotidiana en esa sociedad malvada. Además, el cristianismo simplemente no tenía sentido para las personas inmersas en la cultura romana. La doctrina y la práctica de la iglesia primitiva eran tan totalmente incomprendidas que los romanos acusaron falsamente a los cristianos de canibalismo, incesto y otras perversiones sexuales. Se extendieron rumores de que los cristianos eran ateos y disidentes políticos porque no adoraban al César como dios. En el año 64 d.C., el emperador romano Nerón se aprovechó de estas sospechas de larga data para desviar la atención de sus propias malas acciones. Ese año, cuando un incendio devastó gran parte de la ciudad de Roma, la gente sospechó que Nerón era el culpable. Nerón echó su merecida culpa sobre los cristianos, organizando una campaña oficial de persecución contra ellos a través de la ciudad y más allá. Esta continuó a lo largo del resto de su reino. Durante esa primera ola de persecución romana, tanto Pedro como Pablo fueron ejecutados, junto con innumerables otros que fueron perseguidos y asesinados por deporte.

También durante el reinado de Nerón, Roma emprendió una guerra sangrienta para suprimir las esperanzas de independencia de Israel. Casi mil ciudades, aldeas y asentamientos en todo Israel ardieron por completo, con sus habitantes masacrados o dispersos. En el año 70 d.C., Jerusalén fue derrotada y el templo destruido. La que una vez fue la ciudad capital del reino de Dios en la tierra estaba ahora bajo el control de paganos.

Algo más de una década después, Roma inició otra oleada de persecución bajo el emperador Domiciano. Esta segunda campaña contra la iglesia duró más (del 81 al 96 d.C.) y se extendió por todo el imperio. El asalto de Roma a la iglesia fue organizado y militarizado. Miles de cristianos perdieron la vida mientras otros fueron desterrados o huyeron. Los historiadores nos dicen que fue durante este período que a Timoteo lo mataron a golpes. Tertuliano, quien nació unos sesenta años después que el apóstol Juan murió, afirmó que "al apóstol Juan primero lo zambulleron en aceite hirviendo y salió ileso, ¡y de ahí fue remitido a su exilio en la isla!".[11] Al carecer de testimonios de primera mano, no debemos insistir en la veracidad de esa tradición, pero esta refleja con exactitud la ferocidad de la campaña de Roma contra los cristianos. Se cuenta que Nerón cubría a los cristianos con brea o resina de pino y los ataba en papiros o fajos de madera. O los hacía crucificar en cruces empapadas en creosota. Luego les perforaba la garganta para que no pudieran

11. Tertuliano, *On Prescription Against Heretics* en Alexander Roberts y James Donaldson, trad., *Ante-Nicene Fathers*, 10 vols. (Nueva York: Christian Literature Publishing Co., 1885) 3:260.

gritar, y los incendiaba estando aún vivos, usándolos como antorchas para iluminar sus fiestas de jardín.[12]

En Apocalipsis 1:9, Juan nos dice que fue sentenciado a prisión en la isla de Patmos "por causa de la palabra de Dios y el testimonio de Jesucristo". Predicar el evangelio era un delito castigado con la muerte. Patmos no es para nada la isla paradisíaca que inicialmente algunos podrían imaginar. En realidad, es una roca en forma de media luna que sobresale en el mar Egeo, de más o menos dieciséis kilómetros de largo por ocho de ancho. En la época de Juan era un lugar desolado y aislado a poco más de sesenta kilómetros de la costa de Mileto, entre Asia Menor y Atenas. Es probable que la sentencia de Juan incluyera la confiscación de todas sus propiedades y posesiones, junto con todos los derechos civiles que disfrutaba bajo la ley romana. Aunque vivía en exilio, en esencia estaba condenado a muerte, ya que pasaría el resto de la vida haciendo trabajos forzados en las canteras, con escasa comida y condiciones desesperadas de vida. Ya de más de noventa años, Juan no podía haber esperado sobrevivir durante mucho tiempo en Patmos.

Sin embargo, al igual que Pablo en 2 Corintios 11:23-29, el dolor físico que Juan soportó no podía compararse con su angustia por sus amadas iglesias en Asia Menor y por la preocupación de que desertaran de la autoridad de la Palabra de Dios. Por las cartas que Cristo dictó a las iglesias individuales (las cuales examinaremos en gran detalle en los capítulos que siguen), sabemos que se habían involucrado en una variedad de comportamientos pecaminosos, que incluían inmoralidad sexual, idolatría e hipocresía. Toleraban el pecado y transigían con la cultura pagana que las rodeaba. De buena gana aceptaban falsos maestros e incluso ayudaban a difundir la herejía que predicaban. En muchas maneras, eran ejemplos que repetirían las iglesias en siglos posteriores, incluyendo iglesias evangélicas en todo el mundo occidental moderno.

---

12. John Granger Cook, *Roman Attitudes Toward the Christians: From Claudius to Hadrian* (Tübingen: Mohr Siebeck, 2010), pp. 77-78. Cp. Tácito, *Anales,* 15:44.

Veinticinco años antes de la visión de Juan en Patmos, el apóstol Pablo advirtió los peligros que la iglesia primitiva enfrentaba. A Timoteo instó: "No te avergüences de dar testimonio de nuestro Señor, ni de mí, preso suyo, sino participa de las aflicciones por el evangelio" (2 Ti. 1:8). En los versículos 13-14, Pablo le encargó: "Retén la forma de las sanas palabras que de mí oíste... Guarda el buen depósito por el Espíritu Santo que mora en nosotros".

Pablo sabía que la persecución y el sufrimiento llamarían a la puerta de Timoteo. También sabía lo fácil que sería derrumbarse y transigir al ser amenazado con cárcel, tortura y muerte. A lo largo de su última epístola, Pablo intentó preparar a su joven discípulo para pruebas futuras. En el capítulo 2 continuó:

> Esfuérzate en la gracia que es en Cristo Jesús... sufre penalidades como buen soldado de Jesucristo (vv. 1, 3).
>
> Procura con diligencia presentarte a Dios aprobado, como obrero que no tiene de qué avergonzarse, que usa bien la palabra de verdad. Mas evita profanas y vanas palabrerías, porque conducirán más y más a la impiedad. Y su palabra carcomerá como gangrena (vv. 15-17).
>
> Huye también de las pasiones juveniles, y sigue la justicia... Pero desecha las cuestiones necias e insensatas (vv. 22-23).

La preocupación de Pablo no era solo por Timoteo, sino por toda la iglesia. Comprendía las amenazas espirituales que se asomaban en el horizonte para el pueblo de Dios:

> En los postreros días vendrán tiempos peligrosos. Porque habrá hombres amadores de sí mismos, avaros, vanagloriosos, soberbios, blasfemos, desobedientes a los padres, ingratos, impíos, sin afecto natural,

> implacables, calumniadores, intemperantes, crueles, aborrecedores de lo bueno, traidores, impetuosos, infatuados, amadores de los deleites más que de Dios, que tendrán apariencia de piedad, pero negarán la eficacia de ella; a éstos evita... mas los malos hombres y los engañadores irán de mal en peor, engañando y siendo engañados (3:1-5, 13).

A lo largo de su ministerio, el apóstol Pablo advirtió encarecidamente del peligro de sucumbir a los falsos maestros, y enfatizó la necesidad de estar atentos y discernir frente a la amenaza que representan. "Os ruego, hermanos, que os fijéis en los que causan divisiones y tropiezos en contra de la doctrina que vosotros habéis aprendido, y que os apartéis de ellos. Porque tales personas no sirven a nuestro Señor Jesucristo, sino a sus propios vientres, y con suaves palabras y lisonjas engañan los corazones de los ingenuos" (Ro. 16:17-18).

Pero Pablo también entendió que la lucha por mantener la pureza doctrinal y moral de la iglesia no es exclusivamente externa, que también del interior vienen muchas amenazas: "Vendrá tiempo cuando no sufrirán la sana doctrina, sino que teniendo comezón de oír, se amontonarán maestros conforme a sus propias concupiscencias, y apartarán de la verdad el oído y se volverán a las fábulas" (2 Ti. 4:3-4). Cuando se preparaba para salir de la iglesia en Éfeso, Pablo ofreció a los ancianos una vívida advertencia de proteger el rebaño que Dios les había confiado: "Sé que después de mi partida entrarán en medio de vosotros lobos rapaces, que no perdonarán al rebaño. Y de vosotros mismos se levantarán hombres que hablen cosas perversas para arrastrar tras sí a los discípulos. Por tanto, velad" (Hch. 20:29-31). Menos de treinta años después, esa iglesia se había desviado de su amor por Cristo hacia una piedad vacía, mientras varias de las congregaciones circundantes habían sucumbido a algunas de las mismas corrupciones de las que Pablo advirtió.

JUICIO PARA LA CASA DE DIOS

Cuando Juan llegó a ese momento de su vida, sabía muy bien que "todos los que quieren vivir piadosamente en Cristo Jesús padecerán persecución" (2 Ti. 3:12). Así les dijo a quienes estaban bajo su cuidado pastoral: "Hermanos míos, no os extrañéis si el mundo os aborrece" (1 Jn. 3:13). No obstante, mientras Juan vivía sus últimos días en trabajos forzados en la isla de Patmos, pudo haber recordado con asombro cuán diferentes eran sus circunstancias de las que había esperado cuando se dispuso seguir a Jesús.

Israel tenía expectativas muy altas para el Mesías y el reino que instituiría. Con ansias esperaban la llegada de un heredero del trono de David que derrotaría a las fuerzas romanas de ocupación, exterminaría a los enemigos de Israel, y haría cumplir todas las promesas de Dios a Abraham, David, y los profetas. La salvación que esperaban era temporal, no eterna.

Los discípulos tenían esa esperanza. A lo largo del ministerio de Cristo compitieron a menudo por la supremacía en el reino prometido del cielo (véase Mt. 18:1-5; Lc. 9:46-48). Juan y su hermano Jacobo incluso pidieron a su madre que presentara peticiones al Señor a favor de ellos (Mt. 20:20-21). Hechos 1:6 nos dice que justo al momento en que Cristo ascendió al cielo, sus discípulos esperaban que liberara su poder soberano e inaugurara su reino en la tierra.

En los años que siguieron, a medida que la iglesia empezó a existir y el Espíritu Santo autenticó el ministerio de los apóstoles a través de dones milagrosos, debió haber parecido que el regreso del Señor era inminente. Pero casi de inmediato la iglesia fue inundada de falsos maestros. Al poco tiempo, muchos de los hermanos apostólicos de Juan habían muerto a manos de Roma; para cuando él llegó a Patmos, era el único apóstol que aún vivía.

Con los creyentes huyendo de la despiadada persecución y con iglesias en grave declive espiritual, Juan pudo haber tenido todos los motivos para estar desilusionado y deprimido. ¿Había fallado el plan del Señor para la iglesia? Sería fácil imaginar al apóstol clamando por una visión de lo que el Señor estaba haciendo en su iglesia, alguna perspectiva divina para animarlo y consolarlo en el ocaso de su ministerio apostólico. A pesar de lo experimentado y espiritualmente maduro que Juan era, él sin duda podría haberse beneficiado de alguna esperanza y consuelo.

En lugar de eso, lo que vio fue totalmente aterrador. Juan nos dice que esto hizo que cayera al suelo "como muerto" (Ap. 1:17). Lo que vio fue al Cristo glorificado, apareciendo como gobernante, juez y verdugo. Juan vio al Señor en toda su gloria como Cabeza de la iglesia, listo para impartir juicio justo... ¡no sobre el mundo, sino sobre su iglesia!

El mensaje de Cristo a la iglesia a través de Juan es inequívoco: "Arrepentíos". Una y otra vez Cristo llama al arrepentimiento y a la reforma a estas congregaciones desobedientes. A la iglesia en Éfeso declaró: "Recuerda, por tanto, de dónde has caído, y arrepiéntete, y haz las primeras obras" (Ap. 2:5). Tuvo un mensaje similar para la iglesia en Pérgamo: "Arrepiéntete; pues si no, vendré a ti pronto, y pelearé contra ellos con la espada de mi boca" (2:16). A la iglesia en Tiatira le advirtió del juicio severo que le esperaba "si no se arrepienten" (2:22). Acusó a la iglesia en Sardis: "Acuérdate, pues, de lo que has recibido y oído; y guárdalo, y arrepiéntete" (3:3). Y le dio una advertencia final a la iglesia en Laodicea, recordándole: "Yo reprendo y castigo a todos los que amo; sé, pues, celoso, y arrepiéntete" (3:19).

Estas no fueron advertencias casuales y desapasionadas. Cada llamado al arrepentimiento estuvo acompañado de las devastadoras consecuencias que esperaban si una iglesia no se reformaba. En ese sentido, lo que Juan vio y oyó era el cumplimiento de las palabras de Pedro décadas antes en su primera epístola: "Es tiempo de que el juicio comience por la casa de Dios" (1 P. 4:17). Al igual que Pablo, Pedro conocía los muchos peligros espirituales que amenazaban a la iglesia, incluso desde adentro. También sabía que en algunos casos las iglesias sucumbirían a tentaciones, falsas doctrinas, el atractivo del mundo, o los asaltos del maligno. Pedro pidió a sus lectores perseverar bajo persecución, la cual vio en parte como juicio de Dios contra la iglesia infiel. Además, Pedro entendía que esta es la manera en que Dios siempre opera con su pueblo.

Como buen estudiante del Antiguo Testamento, Pedro habría conocido la profecía de Ezequiel 9, la cual era otra visión aterradora del juicio de Dios: "Clamó en mis oídos con gran voz, diciendo: Los verdugos de la ciudad han llegado, y cada uno trae en su mano su instrumento para destruir" (Ez. 9:1). Al escribir durante el cautiverio babilónico, Ezequiel vio una visión de Dios llamando a poderes extranjeros para que ejecutaran juicio divino sobre su pueblo. La visión continúa:

> He aquí que seis varones venían del camino de la puerta de arriba que mira hacia el norte, y cada uno traía en su mano su instrumento para destruir. Y entre ellos había un varón vestido de lino, el cual traía a su cintura un tintero de escribano; y entrados, se pararon junto al altar de bronce. Y la gloria del Dios de Israel se elevó de encima del querubín, sobre el cual había estado, al umbral de la casa; y llamó Jehová al varón vestido de lino, que tenía a su cintura el tintero de escribano, y le dijo Jehová: Pasa por en medio de la ciudad, por en medio de Jerusalén, y ponles una señal en la frente a los hombres que gimen y que claman a causa de todas las abominaciones que se hacen en medio de ella. Y a los otros dijo, oyéndolo yo: Pasad por la ciudad en pos de él, y matad; no perdone vuestro ojo, ni tengáis misericordia. Matad a viejos, jóvenes y vírgenes, niños y mujeres, hasta que no quede ninguno; pero a todo aquel sobre el cual hubiere señal, no os acercaréis; y comenzaréis por mi santuario. Comenzaron, pues, desde los varones ancianos que estaban delante del templo (vv. 2-6).

La ira de Dios había alcanzado un punto álgido con la nación apóstata de Israel. El Señor hizo una provisión para identificar a los pocos que habían permanecido fieles, pero todos los demás enfrentarían la totalidad de su juicio. Además, la matanza empezaría en el mismo lugar de autoridad divina y centro de adoración, con los más culpables de la apostasía de Israel.

En esencia, esa es la misma visión que Juan vio: el Señor como Juez justo, llegando para llamar a sus iglesias al arrepentimiento por la infidelidad hacia Él.

La mayoría de personas que van a la iglesia cree que este es un lugar seguro, quizás que es el *lugar más seguro* cuando se trata de amenazas del juicio del Señor. Que es casi como subir a bordo del arca; una vez que estamos seguros adentro, somos intocables.

Pero eso no es verdad. Francamente, esa es una idea ridícula y peligrosa. El solo hecho de estar en una iglesia (o algo que se llame iglesia, donde se invoca el nombre de Jesús y se entonan canciones acerca de Él), no significa que estemos seguros contra las amenazas de Dios. Aquí en los primeros capítulos del Apocalipsis, el Señor hace algunas amenazas muy fuertes y directas contra iglesias. En ese sentido, una iglesia no es más segura que el mundo, y a menudo las transgresiones de esta exigen un juicio más rápido.

Por eso es que con frecuencia este pasaje se pasa por alto y casi nunca se analiza. Mientras que el Señor llamó reiteradamente a Israel al arrepentimiento y a regresar a una relación correcta con Él, los primeros capítulos del Apocalipsis son el único lugar en que emplea similar lenguaje cuando trata con los pecados y las faltas de las iglesias. Nos hace sentir incómodos pensar en que Dios llama a sus iglesias a arrepentirse y reformarse, y que las amenaza con juicio si no lo hacen. Pero es sumamente importante que prestemos atención a las advertencias que Cristo nos hace en Apocalipsis a través de la pluma de Juan.

Sí, estas fueron cartas escritas a congregaciones locales específicas acerca de sus problemas particulares. Pero también son advertencias para toda la iglesia a lo largo de su historia. Y como veremos, los reproches dados a las iglesias de Asia Menor se aplican por igual a la iglesia de hoy, si no más.

Los problemas que corrompieron las iglesias en el primer siglo son las mismas amenazas que enfrenta la iglesia hoy: idolatría, inmoralidad sexual, transigencia con el mundo y con su cultura pagana, muerte espiritual e hipocresía. En los siglos transcurridos, la iglesia no ha superado estos escollos conocidos. Tampoco Dios ha rebajado o suavizado su norma de justicia. Independientemente de la época y el lugar a que corresponda la iglesia, Él exige que sea pura.

Ese fue el mensaje de Dios a las iglesias en Apocalipsis. Casi dos mil años después, Cristo sigue llamando a las iglesias al arrepentimiento, y advirtiéndonos de las consecuencias directas si no lo hacen.

2

La obra del Señor en su iglesia

Antes de considerar las cartas individuales del Señor a las iglesias de Asia Menor, debemos poner cuidadosa atención a lo que Juan vio en su visión del Cristo glorificado. No se pierda el significado de cómo el Señor decidió manifestar su gloria y levantar el velo en su obra continua en la iglesia. Aquí no se incluyen detalles sin sentido. Todo lo que Juan vio ayudó a informar e iluminar el llamado de Cristo para que la iglesia se arrepintiera.

Juan empieza a describir su visión en Apocalipsis 1:9. En lugar de afirmar su autoridad apostólica, humildemente se identifica como "vuestro hermano, y copartícipe vuestro en la tribulación, en el reino y en la paciencia de Jesucristo". Como hombre redimido, Juan está en el reino. Su fe ha permanecido, por lo que está marcado por la perseverancia. Pero él está en medio de la persecución, viviendo en el exilio "por causa de la palabra de Dios y el testimonio de Jesucristo". Era un delito grave predicar el evangelio. Para entonces todos los demás apóstoles habían muerto. Los creyentes estaban siendo perseguidos y asesinados. Lo peor de todo es que la iglesia está desertando de la verdad, abandonando la enseñanza fiel que Juan y los apóstoles les dieron. Es un momento sombrío en la vida de la iglesia. Es probable que eso hiciera que la visión de Juan fuera aún más sorprendente.

Él continúa:

> Yo estaba en el Espíritu en el día del Señor, y oí detrás de mí una gran voz como de trompeta, que decía: Yo soy el Alfa y la Omega, el primero y el último. Escribe en un libro lo que ves, y envíalo a las siete iglesias que están en Asia: a Éfeso, Esmirna, Pérgamo, Tiatira, Sardis, Filadelfia y Laodicea.
>
> Y me volví para ver la voz que hablaba conmigo; y vuelto, vi siete candeleros de oro, y en medio de los siete candeleros, a uno semejante al Hijo del Hombre, vestido de una ropa que llegaba hasta los pies, y ceñido por el pecho con un cinto de oro. Su cabeza y sus cabellos eran blancos como blanca lana, como nieve; sus ojos como llama de fuego; y sus pies semejantes al bronce bruñido, refulgente como en un horno; y su voz como estruendo de muchas aguas. Tenía en su diestra siete estrellas; de su boca salía una espada aguda de dos filos; y su rostro era como el sol cuando resplandece en su fuerza.
>
> Cuando le vi, caí como muerto a sus pies. Y él puso su diestra sobre mí, diciéndome: No temas; yo soy el primero y el último; y el que vivo, y estuve muerto; mas he aquí que vivo por los siglos de los siglos, amén. Y tengo las llaves de la muerte y del Hades. Escribe las cosas que has visto, y las que son, y las que han de ser después de estas. El misterio de las siete estrellas que has visto en mi diestra, y de los siete candeleros de oro: las siete estrellas son los ángeles de las siete iglesias, y

> los siete candeleros que has visto, son las siete iglesias (vv. 10-20).

Todos los elementos de la visión de Juan tienen poderosas implicaciones doctrinales para la relación de la iglesia con Cristo, su Cabeza. Ningún otro texto de las Escrituras ofrece una visión tan vívida y completa de lo que el Señor está haciendo en su iglesia, no solo en las congregaciones de Asia Menor, sino a lo largo de toda la historia del cuerpo de Cristo.

UNA VOZ COMO DE TROMPETA

Juan no pasa mucho tiempo preparando el escenario de su visión. Dos detalles bastarán: "Yo estaba en el Espíritu en el día del Señor" (1:10). La frase "en el Espíritu" simplemente significa que esta no fue una experiencia humana normal. A través del Espíritu Santo, Juan recibió poder para experimentar algo fuera de sus sentidos y fuera del reino físico. La visión de Juan no puede explicarse por ningún fenómeno del mundo creado, pues él no dormía ni soñaba; está completamente despierto. Perfectamente coherente y, en su sano juicio, Juan fue transportado por el Espíritu más allá de los límites del entendimiento humano a un plano espiritual de existencia en que podía comunicarse directamente con Dios.

Esto es sumamente raro, incluso para un apóstol, pero las Escrituras nos indican otros casos de experiencias sobrenaturales similares. Isaías vio "al Señor sentado sobre un trono alto y sublime, y sus faldas llenaban el templo" (Is. 6:1). Ezequiel escribe de cómo "entró el Espíritu en mí y me afirmó sobre mis pies, y oí al que me hablaba" (Ez. 2:2). El libro de Hechos describe visiones similares de parte del Señor tanto para Pedro (10:9-16) como para Pablo (22:17-21). Con relación a su experiencia sobrenatural, Pablo escribiría más adelante a los corintios: "Conozco a un hombre en Cristo, que hace catorce años (si en el cuerpo, no lo sé; si fuera del cuerpo, no lo sé;

Dios lo sabe) fue arrebatado hasta el tercer cielo. Y conozco al tal hombre (si en el cuerpo, o fuera del cuerpo, no lo sé; Dios lo sabe), que fue arrebatado al paraíso, donde oyó palabras inefables que no le es dado al hombre expresar" (2 Co. 12:2-4).

Al igual que Pablo, no podemos decir con certeza *cómo* sucedió con Juan. Lo que sabemos es que el Señor abrió de manera sobrenatural la conciencia de Juan al reino divino para comunicarse clara y vívidamente con él; y a través de él, con nosotros.

El único detalle adicional que Juan nos da es que recibió esta visión "en el día del Señor" (Ap. 1:10). Esta no es una designación escatológica. Juan no está refiriéndose aquí al día del Señor y al regreso de Dios en juicio (véase 2 P. 3:10). Para finales del primer siglo, "el día del Señor" era la manera acostumbrada en que los cristianos se referían al primer día de la semana, para conmemorar el día que el Señor resucitó de la tumba. Juan simplemente está diciéndonos que era domingo en Patmos.

Juan dice que ese domingo particular "oí detrás de mí una gran voz como de trompeta" (1:10). El Antiguo Testamento se refiere a un sonido similar antes que Dios entregara su ley a los israelitas en Sinaí: "Aconteció que al tercer día, cuando vino la mañana, vinieron truenos y relámpagos, y espesa nube sobre el monte, y sonido de bocina muy fuerte; y se estremeció todo el pueblo que estaba en el campamento" (Éx. 19:16).

A lo largo del libro de Apocalipsis, un sonido o una voz fuerte precede a anuncios solemnes y expresiones de alabanza celestial (véase 8:13; 14:2). Se trata de un sonido agudo y penetrante. Es como un toque de trompeta, pero no viene de un instrumento. En la visión de Juan es la voz del Señor mismo, captando instantáneamente la total atención del apóstol y ahogando cualquier otro ruido. El sonido es inconfundible: el Señor Jesucristo glorificado está hablando. Es hora de escuchar.

¿Y qué dijo? "Escribe en un libro lo que ves, y envíalo a las siete iglesias que están en Asia: a Éfeso, Esmirna, Pérgamo, Tiatira, Sardis, Filadelfia y Laodicea" (Ap. 1:11).

Al estar padeciendo en el exilio, es posible que Juan se preguntara por qué el Señor lo había mantenido vivo. ¿Por qué no había sido ejecutado como el resto de los apóstoles? ¿Por qué había vivido lo suficiente para ver cómo la iglesia caía en un declive espiritual? ¿Había incluso un futuro para la iglesia?

Dios le da la respuesta en el versículo 11. El Señor tenía más tarea para él. Aún tenía que escribir un libro. Juan recibe el privilegio de mirar adelante hacia el final del tiempo: la victoria definitiva sobre el pecado y la futura glorificación de la iglesia. Condenado al exilio en una roca, el apóstol se elevó en alas de la revelación profética hasta el mismo trono de Dios y la gloria de Cristo. Excluido del mundo, ahora atravesaría los cielos.

El Señor le dice que escriba lo que ve. Y lo que ve era increíble.

EL SEÑOR EN SU IGLESIA

Juan escribe: "Me volví para ver la voz que hablaba conmigo; y vuelto, vi siete candeleros de oro" (1:12). Las lámparas en el mundo antiguo se hacían comúnmente de arcilla o metal. Estaban llenas de aceite y una mecha flotante. Pero si se ponían abajo, no producían mucha luz. Para iluminar todo un cuarto debían elevarse sobre candeleros, que los lectores de Juan en el primer siglo habrían conocido. Sin embargo, los candeleros que Juan vio habrían sido distintos a los que ellos habían visto antes, pues eran de oro puro. Un material tan costoso indica de inmediato el tremendo valor de esos candeleros.

En el versículo 20, Jesús explica el significado de esos artículos valiosos: "El misterio de... los siete candeleros de oro... los siete candeleros que has visto, son las siete iglesias". Así como un candelero se usaba para iluminar un salón, Dios ha llamado a su iglesia a ser la luz del mundo (Fil. 2:15). Que estén hechos de oro muestra lo preciosa que es la iglesia para Dios. Es más, no hay nada más valioso en la tierra, y nada que fuera comprado a tan alto precio (Hch. 20:28).

Juan identifica las siete iglesias como las mencionadas en el versículo 11. Pero las imágenes no se limitan solamente a ellas. En las Escrituras, el número siete a menudo significa totalidad. Por eso, aunque estas iglesias específicas recibirán mensajes específicos de Dios, sus palabras no obstante son válidas para toda la iglesia. En la visión de Juan, se destacan como iglesias distintas y simbolizan a la iglesia a lo largo de su historia en todas sus versiones.

Eso no es todo. Juan declara: "En medio de los siete candeleros, a uno semejante al Hijo del Hombre" (Ap. 1:13). Este es Cristo mismo, el Hijo del Hombre. Pero no se parece al Cristo que Juan vio antes de la ascensión. Al final de su ministerio, la gloria plena de Cristo aún estaba envuelta en su cuerpo resucitado. Aquí en la visión de Juan, se muestra en su totalidad.

Hay gran consuelo y aliento en la representación de Cristo en medio de su iglesia. Juan habría recordado la promesa que el Señor hizo a sus discípulos la noche de su arresto. "No os dejaré huérfanos; vendré a vosotros" (Jn. 14:18). Cuando partió de esta tierra, Cristo consoló a sus discípulos: "Yo estoy con vosotros todos los días, hasta el fin del mundo" (Mt. 28:20). El escritor de Hebreos incluyó ese recordatorio para la iglesia del Nuevo Testamento, citando la promesa repetida de Dios a Israel: "No te desampararé, ni te dejaré" (He. 13:5). Juan sabía que el Señor no lo abandonaría ni abandonaría a la iglesia. Pero este recordatorio visual de la comunión constante del Señor con los suyos fue sin embargo una bienvenida tranquilizadora y reconfortante.

Esto también debería animarnos. No servimos a un dios distante o un mártir antiguo. El Señor de la iglesia está vivo y activo en medio de su pueblo. Y los detalles posteriores de la visión de Juan nos dan una idea exacta de lo que Cristo está haciendo en su iglesia.

EL SUMO SACERDOTE INTERCESOR

Juan describe la aparición de Cristo en Apocalipsis 1:13, diciendo que estaba "vestido de una ropa que llegaba hasta los pies, y ceñido por el pecho con un cinto de oro". La ropa que Juan describe puede indicar majestad o rango oficial; sin duda alguna, Cristo es Aquel preeminente en la iglesia. Ya antes en su saludo introductorio, Juan identifica a Cristo como "el soberano de los reyes de la tierra" (1:5).

Pero el lenguaje que el apóstol utiliza para describir la ropa y en particular el cinto de oro está directamente vinculado a las vestimentas usadas por el sumo sacerdote de Israel (véase Lv. 16:4). Lo que Juan ve es una descripción de Cristo en su papel como el Gran Sumo Sacerdote, intercediendo a favor de su iglesia.

El escritor de Hebreos exalta varias veces la obra de Cristo como nuestro Gran Sumo Sacerdote, quien "puede también salvar perpetuamente a los que por él se acercan a Dios, viviendo siempre para interceder por ellos" (He. 7:25). "Pero estando ya presente Cristo, sumo sacerdote de los bienes venideros, por el más amplio y más perfecto tabernáculo, no hecho de manos, es decir, no de esta creación, y no por sangre de machos cabríos ni de becerros, sino por su propia sangre, entró una vez para siempre en el Lugar Santísimo, habiendo obtenido eterna redención" (9:11-12). Jesús es "misericordioso y fiel sumo sacerdote en lo que a Dios se refiere, para expiar los pecados del pueblo" (2:17). Como nuestro Sumo Sacerdote, Cristo no tiene paralelo en su capacidad de compadecerse de nuestras debilidades (4:15), y "es poderoso para socorrer a los que son tentados" (2:18).

En Romanos 8, Pablo exalta las bendiciones de la obra sacerdotal de Cristo: "¿Quién acusará a los escogidos de Dios? Dios es el que justifica. ¿Quién es el que condenará? Cristo es el que murió; más aun, el que también resucitó, el que además está a la diestra de Dios, el que también intercede por nosotros" (vv. 33-34). El apóstol sigue explicando que nuestra relación con Dios es inmune al asalto, que debido a la obra intercesora de Cristo nada puede separarnos de su amor (vv. 38-39).

Una vez más, este es un gran consuelo para los creyentes: nuestro Salvador vive y está actuando perpetuamente en su iglesia, intercediendo a favor nuestro, y moviéndose compasivamente para su gloria y nuestro bien.

EL SOBERANO PURIFICADOR

No es tan solo el atuendo sacerdotal de Cristo lo que evidencia su obra en su iglesia. Juan continúa en Apocalipsis 1:14: "Su cabeza y sus cabellos eran blancos como blanca lana, como nieve". La cabeza y el cabello de Cristo no solo eran blancos, sino de un blanco brillante y resplandeciente, como la lana y la nieve más puras. La palabra que Juan elige aquí hace referencia a Daniel 7:9, que describe al Anciano de Días sentado en su trono, y "el pelo de su cabeza como lana limpia". La imagen aquí no solo afirma la deidad de Cristo, sino que también habla de su pureza. Él no tiene ninguna mancha y es absolutamente santo.

Jesús espera que su pueblo también sea santo. Según Pablo explicó a los efesios, ese fue en primera instancia el propósito del Señor al salvarlos. Afirma que "Cristo amó a la iglesia, y se entregó a sí mismo por ella, para santificarla, habiéndola purificado en el lavamiento del agua por la palabra, a fin de presentársela a sí mismo, una iglesia gloriosa, que no tuviese mancha ni arruga ni cosa semejante, sino que fuese santa y sin mancha" (Ef. 5:25-27). De igual manera, Pablo exhortó a los colosenses, recordándoles que Cristo "ahora os ha reconciliado en su cuerpo de carne, por medio de la muerte, para presentaros santos y sin mancha e irreprensibles" (Col. 1:21-22). Pedro lo expresó sin rodeos en su primera epístola: "Como aquel que os llamó es santo, sed también vosotros santos en toda vuestra manera de vivir; porque escrito está: Sed santos, porque yo soy santo" (1 P. 1:15-16). Durante el Sermón del Monte, Cristo mismo declaró: "Sed, pues, vosotros perfectos, como vuestro Padre que está en los cielos es perfecto" (Mt. 5:48).

Dado todo lo que las Escrituras nos dicen acerca de la pureza y la santidad del Señor, no puedo entender cómo creyentes profesos llevan el tipo de vidas que viven; o cómo las llamadas iglesias pueden operar como lo hacen: repetidos coqueteos con el pecado, interminables intentos de ganarse el favor de pecadores no arrepentidos. Demasiadas personas en la iglesia de hoy viven en flagrante desprecio por la severa advertencia del apóstol Santiago: "¡Oh almas adúlteras! ¿No sabéis que la amistad del mundo es enemistad contra Dios? Cualquiera, pues, que quiera ser amigo del mundo, se constituye enemigo de Dios" (Stg. 4:4). Es dolorosa la afrenta constante a la santidad de Cristo de parte de aquellos que deberían tener clara la situación. Juan debió haberse sentido así con relación a las iglesias en Asia Menor.

Y su visión ilustra que no importa lo que esté pasando en la iglesia, el Señor mismo está totalmente consciente. El apóstol escribe: "sus ojos [eran] como llama de fuego" (Ap. 1:14). Esta es una imagen de la santa omnisciencia de Cristo. Como láseres penetrantes, los ojos del Señor lo ven todo. No se le escapa nada; ningún secreto permanece oculto. Su mirada penetrante ve directamente el corazón de su iglesia, y el de cada creyente.

Mateo 10:26 nos dice: "Nada hay encubierto, que no haya de ser manifestado; ni oculto, que no haya de saberse". El escritor de Hebreos explica el carácter global de la naturaleza de la omnisciencia del Señor: "No hay cosa creada que no sea manifiesta en su presencia; antes bien todas las cosas están desnudas y abiertas a los ojos de aquel a quien tenemos que dar cuenta" (He. 4:13). El Señor de la iglesia no dejará de reconocer el pecado en su iglesia.

Tampoco dejará de tratar con el pecado. La visión de Juan continúa en Apocalipsis 1:15: "Sus pies [eran] semejantes al bronce bruñido, refulgente como en un horno". En el mundo antiguo, los reyes y gobernantes se sentaban en tronos elevados, de modo que quienes estaban bajo su autoridad permanecían bajo sus pies. En ese sentido, los pies de un rey simbolizaban su autoridad y juicio. Pero a diferencia de los gobernantes humanos hechos de carne, nuestro Señor tiene pies de bronce bruñido: centelleantes pies de juicio.

Juan ve a Cristo moviéndose en su iglesia no solo como su Sumo Sacerdote, sino también como su Rey y Juez.

Este no es el juicio final contra el pecado, sino la obra de Cristo de purificación y depuración dentro de su iglesia. Por el bien de la pureza de la iglesia, Él disciplinará a los suyos. Cristo habló de esto mismo en el Evangelio de Juan: "Todo pámpano que en mí no lleva fruto, lo quitará; y todo aquel que lleva fruto, lo limpiará, para que lleve más fruto" (Jn. 15:2).

El escritor de Hebreos lo expresó con más detalle:

> Habéis ya olvidado la exhortación que como a hijos se os dirige, diciendo: Hijo mío, no menosprecies la disciplina del Señor, ni desmayes cuando eres reprendido por él; porque el Señor al que ama, disciplina, y azota a todo el que recibe por hijo. Si soportáis la disciplina, Dios os trata como a hijos; porque ¿qué hijo es aquel a quien el padre no disciplina? Pero si se os deja sin disciplina, de la cual todos han sido participantes, entonces sois bastardos, y no hijos. Por otra parte, tuvimos a nuestros padres terrenales que nos disciplinaban, y los venerábamos. ¿Por qué no obedeceremos mucho mejor al Padre de los espíritus, y viviremos? Y aquéllos, ciertamente por pocos días nos disciplinaban como a ellos les parecía, pero éste para lo que nos es provechoso, para que participemos de su santidad (He. 12:5-10).

El Señor ama tanto a su iglesia como para disciplinarla, aplicando el castigo necesario a fin de proteger su pureza. Y a través de su Palabra nos instruye sobre cómo debemos guardar la pureza de la iglesia. Mateo 18 establece la receta para tratar con el pecado en ella, un patrón que la iglesia de hoy pasa por alto en gran medida para su propio dolor. Las Escrituras nos advierten de las terribles consecuencias de no proteger la pureza de la iglesia de Dios. En

Hechos 5, Ananías y Safira murieron en medio de una reunión congregacional por mentir al Espíritu Santo y a la iglesia. En 1 Corintios 11, Pablo nos dice que algunos en la iglesia de Corintio estaban enfermos porque celebraban de manera descuidada la Cena del Señor, mientras que otros habían muerto.

Cuando veas a un creyente cuya vida está destruida debido al pecado, o al líder de una iglesia que se ve obligado a salir del ministerio debido a corrupción secreta en su vida, ve al Señor en acción en su iglesia. Él intercede para proteger a los suyos, pero también purifica la iglesia disciplinando a los suyos.

LA VOZ DE AUTORIDAD

La siguiente característica de la visión de Juan no se refiere a lo que vio, sino más bien a lo que oyó. En Apocalipsis 1:15 escribe: "Su voz [es] como estruendo de muchas aguas". No hay playas de arena suave en la isla de Patmos, ni mareas suaves y tranquilizadoras. Durante una tormenta, las olas chocan contra las rocas con ruido ensordecedor. Ese retumbo violento e impresionante fue como Juan describió la voz del Señor. Es un eco de Ezequiel 43:2, afirmando que Cristo y el Padre hablan con la misma voz atronadora de autoridad sobre la iglesia.

Juan había oído antes esta voz. En la transfiguración de Cristo resonó la voz de Dios, manifestando: "Este es mi Hijo amado; a él oíd" (Lc. 9:35). Una de las características que definen a los creyentes es que reconocen la autoridad de Cristo y obedecen su Palabra: "Mis ovejas oyen mi voz, y yo las conozco, y me siguen" (Jn. 10:27). Someterse a la autoridad de Cristo es fundamental para la vida de fe: "Si me amáis, guardad mis mandamientos" (Jn. 14:15).

Con frecuencia oigo decir a pastores: "Usted debe aprender a escuchar la voz de Dios. Es necesario que se sintonice para que pueda escuchar su voz suave y apacible". No tengo ni idea de qué significa eso. Dios no susurra. No masculla ligeras sutilezas a oídos de sus hijos. Cuando el Señor habla a su iglesia, es inconfundible. Su voz resuena sobre ella a través de la autoridad divina de las Sagradas Escrituras.

LA PROTECCIÓN Y EL CUIDADO DIVINO

No solo que el Señor habla con autoridad sobre su iglesia, también ejerce control soberano sobre ella. En Apocalipsis 1:16, Juan ve que Cristo sostiene algo en la mano: "Tenía en su diestra siete estrellas". En el versículo 20, Jesús clarifica lo que representan estas estrellas: "Las siete estrellas son los ángeles de las siete iglesias".

Esa traducción común ha producido gran confusión y discrepancia entre eruditos y comentaristas. Es verdad que la palabra *angeloi* puede significar ángeles, pero piense en las implicaciones de esa interpretación. ¿Por qué daría Cristo a Juan un mensaje que debía transmitir a ángeles, quienes después lo entregarían a la iglesia? El Señor sin duda podía encontrar un medio de comunicación menos complicado con sus huestes celestiales. Además, las Escrituras no dan a los ángeles autoridad sobre la iglesia. Hebreos 1:14 los describe como siervos ministradores, no como líderes.

La explicación de Juan en el versículo 20 tiene un sentido mucho más simple y claro si interpretamos *angeloi* como "mensajeros", que es como se traduce en otras partes (véase Lc. 7:24; 9:52; Stg. 2:25). Entonces, en ese sentido es más probable que Juan esté refiriéndose a pastores o líderes de cada una de las siete iglesias. Es muy posible que Juan pudiera recibir visitas, y que estos hombres llevaran la Palabra de Dios a sus iglesias. (Sabemos que alguien realizó esa función. ¿De qué otro modo estaríamos leyendo hoy el Apocalipsis?).

Las Escrituras no nos dicen quiénes fueron estos hombres específicamente, pero el mensaje de la visión de Juan es claro: el Señor tendrá siempre sus pastores elegidos. ¡Qué gran consuelo es que Él los sostiene en la palma de la mano!

Como veremos, la situación en Asia Menor era sombría. La deserción espiritual estaba muy avanzada en algunas de estas congregaciones. La persecución había llegado, y algunos habían huido y otros se habían aliado con el mundo. Pero en medio de todo, el Señor aún tenía a sus hombres fieles sirviendo en su iglesia.

Lo mismo es cierto en todas las generaciones de la iglesia. Es fácil desanimarse cuando vemos pastores débiles e insensatos que descarrían a sus iglesias, cuando hay una notable ausencia de liderazgo piadoso. Es aún más desgarrador cuando un pastor infiel hace naufragar su fe por medio de inmoralidad e impiedad. Tenemos derecho de afligirnos cuando mercenarios y falsos maestros se burlan del evangelio. Pero no debemos olvidar que la iglesia está siempre bajo el cuidado soberano de Cristo. Él siempre tiene pastores fieles a quienes dota, llama y aparta para el cuidado de sus ovejas.

Además, Cristo no se olvidará de quienes traen desgracia a su iglesia a través de la maldad y la enseñanza falsa. La visión de Juan continúa en Apocalipsis 1:16 con una ilustración de la protección soberana del Señor por su iglesia. El apóstol escribe: "De su boca salía una espada aguda de dos filos". No se trata de una daga delicada, sino de un devastador sable de la verdad de Dios. Más adelante en Apocalipsis, Dios la desplegará contra los impíos (19:15, 21). Pero aquí el Señor la empuña en juicio contra los enemigos y las amenazas dentro de la iglesia. En su carta a la iglesia en Pérgamo —una congregación plagada de herejía y falsos maestros—, Cristo advierte: "Vendré a ti pronto, y pelearé contra ellos con la espada de mi boca" (2:16). Él usa la espada de su verdad para eliminar todas las amenazas a la pureza de su iglesia.

Hebreos 4:12 nos recuerda la potencia letal de la verdad divina: "La palabra de Dios es viva y eficaz, y más cortante que toda espada de dos filos; y penetra hasta partir el alma y el espíritu, las coyunturas y los tuétanos, y discierne los pensamientos y las intenciones del corazón". Esta es el arma elegida por el Señor contra los engañadores, charlatanes y todo falso maestro que se burla del evangelio o lo comercializa. Jesús empuña la espada de su Palabra contra los enemigos de su pueblo para que nada le impida edificar su iglesia (Mt. 16:18).

UN REFLEJO DE GLORIA

En Apocalipsis 1:16, Juan nos brinda un último detalle de la aparición de Cristo: "Y su rostro era como el sol cuando resplandece en su fuerza". Mirar el rostro del Señor era como mirar directamente el sol al mediodía en un día claro. ¿Qué era esta luz resplandeciente? Es la *Shekhiná*, la gloria brillante y santa de Dios, que irradia en el rostro de su Hijo.

Parece que Juan tomó esta expresión de Jueces 5:31, que declara: "Los que te aman, sean como el sol cuando sale en su fuerza". Mateo 13:43 repite la idea: "Los justos resplandecerán como el sol en el reino de su Padre". La gloria de Dios, en la persona de Jesucristo, brilla a través de la iglesia, y por eso el pueblo de Dios refleja esa gloria a un mundo que observa. Pablo señala este mismo punto en 2 Corintios 4:6: "Dios, que mandó que de las tinieblas resplandeciese la luz, es el que resplandeció en nuestros corazones, para iluminación del conocimiento de la gloria de Dios en la faz de Jesucristo".

A través de las vidas transformadas de su pueblo, el Señor está haciendo atractivo el evangelio a un mundo que no se arrepiente. Está acercando hombres y mujeres hacia sí a través del carácter piadoso de su iglesia. Cristo mismo estableció ese patrón en el Evangelio de Mateo: "Así alumbre vuestra luz delante de los hombres, para que vean vuestras buenas obras, y glorifiquen a vuestro Padre que está en los cielos" (Mt. 5:16).

Esta es la realidad culminante de la iglesia: Dios redime a pecadores para edificarla, y usa sus vidas transformadas para reflejar la majestad de su gloria, mediante la cual atrae a más pecadores hacia sí. La asombrosa y reluciente gloria del Señor brilla a través de la iglesia, iluminando un mundo perdido y sombrío.

EL TERROR SE VUELVE CONSUELO

¿Cuál es la respuesta apropiada a esta descripción vívida de la obra de Cristo en su iglesia? Juan cayó "como muerto" a los pies del Señor (Ap. 1:17). A lo largo de las Escrituras, esa clase de miedo intenso y abrumador fue la reacción constante de todos aquellos que experimentaron una visión o encuentro celestial. Cuando el Ángel del Señor apareció y anunció el nacimiento de Sansón, "dijo Manoa a su mujer: Ciertamente moriremos, porque a Dios hemos visto" (Jue. 13:22). Abrumado por su visión de Dios en el templo, Isaías exclamó: "¡Ay de mí! que soy muerto; porque siendo hombre inmundo de labios, y habitando en medio de pueblo que tiene labios inmundos, han visto mis ojos al Rey, Jehová de los ejércitos" (Is. 6:5). Después que un ángel se le apareciera, Daniel escribe: "Mi fuerza se cambió en desfallecimiento, y no tuve vigor alguno" (Dn. 10:8). A la vista de una luz brillante del cielo en el camino a Damasco, Saulo de Tarso y sus compañeros de viaje cayeron a tierra (Hch. 26:13-14). Juan, junto con Pedro y Jacobo, cayeron al suelo al sonido de la voz de Dios durante la transfiguración de Cristo (Mt. 17:6). Y un día el mundo no arrepentido comprenderá el terror del juicio de Dios y dirá "a los montes y a las peñas: Caed sobre nosotros, y escondednos del rostro de aquel que está sentado sobre el trono, y de la ira del Cordero; porque el gran día de su ira ha llegado; ¿y quién podrá sostenerse en pie?" (Ap. 6:16-17).

La Biblia es clara: a diferencia de los relatos frívolos y jactanciosos de hombres y mujeres de hoy que falsamente afirman haber visto a Dios, la respuesta inmediata de todos los que vieron de veras al Señor fue temor. Los pecadores, incluso los redimidos, tienen razón al estar aterrados en la presencia de un Dios santo. Siempre hay miedo en una visión verdadera de Cristo, porque nosotros vemos su gloria y Él ve nuestro pecado.

Juan se derrumbó ante el trauma de su visión. En presencia del Señor, mirándole los pies de bronce para juicio y la espada de doble filo de su Palabra, también nos derrumbaríamos inertes.

Pero ese terror se convirtió en consuelo y tranquilidad cuando la visión continuó: "Él puso su diestra sobre mí, diciéndome: No temas; yo soy el primero y el último; y el que vivo, y estuve muerto; mas he aquí que vivo por los siglos de los siglos, amén. Y tengo las llaves de la muerte y del Hades" (vv. 17-18).

Esas sencillas palabras fueron un poderoso mensaje de tremendo ánimo para Juan, y para todos los creyentes: el Señor no es nuestro verdugo. Aunque Cristo administra castigo y juicio contra la iglesia, la deuda por nuestros pecados ya ha sido pagada. Él estuvo "muerto" y está "vivo por los siglos de los siglos". Esa gran verdad debería alentar para siempre nuestros corazones en agradecida seguridad de nuestra salvación. Juan proclamó esta gran seguridad en su saludo inicial: Cristo "nos amó, y nos lavó de nuestros pecados con su sangre" (v. 5). Solo Cristo tiene "las llaves de la muerte y del Hades". Los redimidos no tienen nada que temer. Jesús proclama: "Yo soy la resurrección y la vida; el que cree en mí, aunque esté muerto, vivirá. Y todo aquel que vive y cree en mí, no morirá eternamente" (Jn. 11:25-26). Esta fue la seguridad y el consuelo que Él trajo a Juan en medio de su miedo: Tu deuda ya ha sido pagada. Me perteneces, y nada (ni siquiera tu pecado) puede cambiar eso.

Juan no había malinterpretado su visión; Cristo *estaba* moviéndose en juicio contra su iglesia. Pero el Juez justo no venía por Juan. Cristo tenía tarea para que su amado apóstol la llevara a cabo. Le manifestó: "Escribe las cosas que has visto, y las que son, y las que han de ser después de estas" (Ap. 1:19). La comisión de Juan aún no estaba completa. Tenía el deber de escribir lo que ya había visto, lo que el Señor aún tenía que decir a las iglesias de Asia Menor, y las visiones proféticas que se desarrollan a lo largo del resto del libro. En otras palabras: "Levántate. Sacúdete el polvo y ponte a trabajar".

Ese mismo aliento y esa misma seguridad se extienden a todo creyente. El terror inicial de ver a Dios moverse en juicio contra su iglesia se convierte en consuelo cuando reflexionamos en lo que Él ha hecho por nosotros. No tenemos nada que temer porque

Cristo murió y resucitó por nosotros. Él nos ha redimido e intercede siempre por nosotros, protegiendo nuestra pureza y proporcionando pastores fieles para proteger su rebaño. Sorprendentemente, a pesar de nuestra indignidad, Él tiene trabajo para que lo llevemos a cabo. Nosotros no vamos a escribir otro libro de la Biblia; pero hemos sido llamados a proclamar la gloria del evangelio de nuestro Dios hasta lo último de la tierra. Es hora de ponernos a trabajar.

3

La iglesia sin amor

ÉFESO

En un intento por arrinconar doctrinalmente a Jesús, los fariseos lo desafiaron a identificar el mandamiento más importante en la ley de Dios (Mt. 22:36). Él les respondió: "Amarás al Señor tu Dios con todo tu corazón, y con toda tu alma, y con toda tu mente. Este es el primero y grande mandamiento" (vv. 37-38; véase también Lc. 10:27).

Nuestro amor por el Señor es la verdadera medida de nuestro compromiso con Él. Jesús habló de esto a sus discípulos en Juan 14, diciendo: "El que tiene mis mandamientos, y los guarda, ése es el que me ama; y el que me ama, será amado por mi Padre, y yo le amaré, y me manifestaré a él… El que me ama, mi palabra guardará" (vv. 21, 23). A fin de exponer la verdadera naturaleza del corazón de Pedro, el Señor le preguntó tres veces: "¿Me amas?" (Jn. 21:15-17). Cristo exige nuestro amor total: "El que ama a padre o madre más que a mí, no es digno de mí; el que ama a hijo o hija más que a mí, no es digno de mí" (Mt. 10:37). La característica de los verdaderos hijos de Dios es que aman al Hijo (Jn. 8:42). Pablo afirmó que el amor de Cristo controla al pueblo de Dios (2 Co. 5:14).

En pocas palabras, amar a Cristo es la característica determinante de un cristiano. Y aunque el verdadero creyente siempre amará al Señor, la intensidad de su amor puede fluctuar con el tiempo. El amor de la persona redimida por Cristo debe ser guardado y nutrido cuidadosamente, o disminuirá con el tiempo.

La verdad es que ninguno de nosotros puede decir que nuestro amor por Él es realmente todo lo que debería ser. El primero y más grande de todos los mandamientos —amar al Señor de todo corazón, alma, fuerzas y mente— establece una norma sumamente elevada. Dada la debilidad de nuestra carne, la maldición del pecado, la persistencia de la tentación y las muchas distracciones terrenales que se disputan nuestra atención y nuestro afecto, el amor total y firme por Cristo es frustrantemente difícil de alcanzar. Todos debemos confesar con el apóstol Pablo que, bajo la norma puesta por la ley, somos un fracaso absoluto: "hallo esta ley: que el mal está en mí. Porque según el hombre interior, me deleito en la ley de Dios; pero veo otra ley en mis miembros, que se rebela contra la ley de mi mente, y que me lleva cautivo a la ley del pecado que está en mis miembros" (Ro. 7:21-23). "El querer el bien está en mí, pero no el hacerlo" (v. 18).

En resumen, ninguno de nosotros ha cumplido a la perfección durante una hora el primero y más básico de todos los mandamientos de Dios. Debemos reconocer ese fracaso como pecado, y como la entrada a un pecado mayor.

Pero nuestra incapacidad de cumplir perfectamente el mandato de Dios de ninguna manera nos absuelve del deber de seguir la norma que este mandamiento establece. Un mayor amor por Cristo debería ser el objetivo de todo corazón creyente. Y debemos protegernos fielmente contra las distracciones y tentaciones que dividen nuestros corazones y disminuyen nuestro amor por Cristo. Descuidar este deber es cortejar el desastre espiritual.

En todas las Escrituras no existe mejor ilustración de los graves peligros del amor declinante por Dios que la carta de Cristo a la iglesia en Éfeso.

UNA ISLA EN UN MAR DE PAGANISMO

Asia Menor era totalmente pagana. Incluso antes de la persecución romana habría sido un lugar difícil para predicar el evangelio. Era una cultura dominada por la mundanalidad, el libertinaje, el misticismo y la idolatría. Y el centro de todo estaba en Éfeso. Aunque Pérgamo era la capital de la región, Éfeso era el verdadero centro. Era el hogar de aproximadamente 500.000 personas, la llamaban la "Luz de Asia" y dominaba la región.

Para empezar, Éfeso era el puerto principal de Asia Menor y servía como puerta de entrada para personas y bienes hacia el resto de la provincia. El puerto se hallaba en la desembocadura del río Caistro, a poco menos de cinco kilómetros de la ciudad. Hoy día el puerto no existe, enterrado bajo kilómetros de lodo arrastrado por el Caistro (tal vez esto contribuyó a la muerte de la antigua ciudad, la cual hoy día yace en ruinas). Además de su valor como puerto de embarque, Éfeso también se asentaba en la convergencia de cuatro importantes rutas romanas de comercio. La ciudad no solo era la Luz de Asia; también era su mercado. Quien viajaba por esa parte del mundo, pasaba por Éfeso.

Eso significa que la ciudad también era un centro de cultura y diversión. El teatro tenía una capacidad de hasta 25.000 personas, y cada primavera se organizaban eventos deportivos que rivalizaban con las antiguas olimpiadas. Era una procesión masiva y extensa de atletismo, drama, desfiles y sacrificios paganos. Es posible que Pablo estuviera refiriéndose a los Juegos de Éfeso en 1 Corintios 16:8-9, cuando escribe de sus planes de permanecer "en Éfeso hasta Pentecostés; porque se me ha abierto puerta grande y eficaz, y muchos son los adversarios". La afluencia de peregrinos y espectadores de todo el mundo mediterráneo la habrían convertido en un campo misionero estratégico.

Sin embargo, lo que verdaderamente distinguía a Éfeso era el templo de Artemisa. Una de las Siete Maravillas del mundo antiguo, fue construida de mármol brillante y era casi del tamaño de una manzana completa. Dominaba no solo el paisaje, sino toda la vida de la ciudad. Además de sus usos religiosos, el templo servía como museo, un gran mercado, un banco para las familias más acaudaladas en Asia Menor e incluso como refugio para delincuentes.

Pero la función principal del templo era la adoración a Artemisa (o Diana), la diosa más sagrada en el antiguo mundo grecorromano. El templo se llenaba todos los días con miles de sacerdotes, eunucos, prostitutas del templo, músicos, bailarines y otros adoradores. La adoración misma consistía en una histeria caótica: embriaguez, libertinaje, desviación sexual y frenesí de automutilación. Esta era una demostración horrible y repugnante.

Heráclito fue un filósofo griego pagano que nació y vivió en Éfeso en el siglo V a.C., e incluso él mismo estaba horrorizado por las perversiones que se exhibían en su ciudad natal. Describió la cultura de allí como tenebrosa y vil, y dijo que la moral de sus compatriotas era más baja que la de los animales. Heráclito escribió: "Los efesios merecen ser ahorcados, hasta el último de ellos".[1] Con una oscuridad espiritual y corrupción tan dominantes, Éfeso probablemente no es el primer lugar que elegirías para plantar una iglesia.

Sin embargo, el evangelio prosperó allí; más que eso, se extendió desde esa ciudad a través de toda Asia Menor.

Es posible que ninguna iglesia en la historia haya disfrutado un linaje más fuerte de líderes fieles que los que los efesios tuvieron la bendición de tener. El libro de Hechos indica que los colaboradores de Pablo en el ministerio, Priscila y Aquila, fueron los primeros en llevar el evangelio a la ciudad (Hch. 18:18-19). Es probable que la iglesia se fundara bajo el liderazgo de esta pareja. Pronto se les unió un hombre llamado Apolos, un judío de Egipto que era "poderoso en las Escrituras" (el Antiguo Testamento) y "de espíritu fervoroso" (vv. 24-25). Cuando Priscila y Aquila le oyeron predicar en la sinagoga, se dieron cuenta de que él "solamente conocía el bautismo

---

1. Robin Waterfield, ed., *The First Philosophers: The Presocratics and Sophists* (Oxford: Oxford University, 2000), p. 45.

de Juan" (v. 25), es decir, predicaba el mensaje de Juan el Bautista. Fueron Priscila y Aquila quienes le hablaron primero de Jesucristo (v. 26). En Hechos 19, Pablo regresa a Éfeso y se reúne con más discípulos de Juan el Bautista, a quienes llevó a la fe en Cristo (vv. 1-7). Estos creyentes fueron el fundamento sobre el que se edificó la iglesia en Éfeso.

Pablo permaneció en Éfeso durante tres años, predicando fielmente y haciendo crecer la iglesia. Hechos 19:10 nos dice que a través de su ministerio, "todos los que habitaban en Asia, judíos y griegos, oyeron la palabra del Señor Jesús". Debido a la ubicación estratégica de Éfeso, el evangelio se extendió en toda dirección. Fue durante este período que se plantaron las otras iglesias a través de Asia Menor a lo largo de la antigua ruta postal, mientras el evangelio salía de Éfeso.

Las Escrituras nos informan que en esos días "hacía Dios milagros extraordinarios por mano de Pablo, de tal manera que aun se llevaban a los enfermos los paños o delantales de su cuerpo, y las enfermedades se iban de ellos, y los espíritus malos salían" (Hch. 19:11-12). El Espíritu Santo confirmó el mensaje y el poder del evangelio por medio de estas obras milagrosas. Hechos indica que algunos de los exorcistas locales estaban celosos del poder de Pablo, e intentaron aprovechar tal poder para sí mismos (v. 13). Un grupo, los hijos de Esceva, invocaron los nombres de Pablo y del Señor para hacer salir un espíritu inmundo de un hombre. El espíritu replicó: "A Jesús conozco, y sé quién es Pablo; pero vosotros, ¿quiénes sois?" (vv. 14-15). La historia continúa: "El hombre en quien estaba el espíritu malo, saltando sobre ellos y dominándolos, pudo más que ellos, de tal manera que huyeron de aquella casa desnudos y heridos" (v. 16). Eso es lo peor que puede pasarle a un falso exorcista. La Biblia declara que estos incidentes dejaron a toda la ciudad en el santo temor de Dios, que el nombre del Señor fue magnificado y su Palabra prevalecía (vv. 17, 20).

El temor creciente del Señor causó una merma importante en

la dominante idolatría de la ciudad, particularmente en la parte comercial. "Muchos de los que habían practicado la magia trajeron los libros y los quemaron delante de todos; y hecha la cuenta de su precio, hallaron que era cincuenta mil piezas de plata" (v. 19). Un platero llamado Demetrio incitó un motín con sus colegas comerciantes porque el progreso del evangelio estaba acabando con la venta de los ídolos que fabricaban (vv. 21-41). La iglesia crecía a tal ritmo que los comerciantes creían que la adoración en el templo de Artemisa se detendría por completo.

En medio de esta antigua ciudad dedicada al paganismo censurable y a la vil perversión, un pequeño grupo de hombres y mujeres se apiñaba y predicaba fielmente el mensaje de Jesucristo. Y a pesar de su entorno, algunas de las más grandes victorias jamás ganadas por el evangelio de la gracia se obtuvieron en la ciudad de Éfeso. La iglesia floreció, primero bajo Pablo y después bajo Timoteo (1 Ti. 1:3), Onesíforo (2 Ti. 1:16, 18), Tíquico (2 Ti. 4:12) y, finalmente, Juan. Ninguna iglesia en la historia podía reclamar una herencia tan rica de pastores fieles.

Pero como veremos, incluso esa herencia sin igual no pudo impedir que la iglesia cayera en pecado.

SALUDOS Y RECOMENDACIONES

No eran solo malas noticias para la iglesia en Éfeso. En realidad, el Señor identifica varias características elogiables de la fe y el servicio que mostraban.

Apocalipsis 2:1 expresa: "Escribe al ángel de la iglesia en Éfeso: El que tiene las siete estrellas en su diestra, el que anda en medio de los siete candeleros de oro, dice esto". No hay errores ni confusión acerca de quién fue el remitente de esta carta. Aunque fue entregada por mano de hombres y escrita por Juan, el Señor se identifica indudablemente como su autor. Estas son sus palabras directas y con gran autoridad.

Cristo manifiesta: "Yo conozco tus obras, y tu arduo trabajo y paciencia; y que no puedes soportar a los malos, y has probado a los que se dicen ser apóstoles, y no lo son, y los has hallado mentirosos; y has sufrido, y has tenido paciencia, y has trabajado arduamente por amor de mi nombre, y no has desmayado" (vv. 2-3). Esa es una iglesia a la que cristianos maduros se unirían con gusto. El Señor les hace un elogio pródigo y detallado que habla del patrón de fidelidad de ellos, pues reconoce: "Conozco tus obras, y tu arduo trabajo". La palabra griega traducida "trabajo" es *kopos*. Habla de esforzarse hasta el agotamiento; la clase de esfuerzo que drena no solo física sino también emocional y espiritualmente. Esta era una iglesia que se esforzaba mucho por el reino y se dedicaba por completo al evangelio. No eran perezosos ni indiferentes; se mantenían ocupados y daban todo lo que tenían para la causa de Cristo.

Los diligentes efesios son un agudo contraste con muchas personas de hoy que creen que la iglesia es poco más que un teatro destinado a su diversión y gratificación. Muchas iglesias modernas están llenas de espectadores. La iglesia en Éfeso no era así. Entendían que habían sido llamados a trabajar duro en la obra del reino de Dios y eran felices por dedicarse al progreso del evangelio.

Pero los efesios no eran conocidos solo por sus obras. En el versículo 2, Cristo también les elogia la paciencia. Esta no es alguna clase de resignación sombría, o un rechazo obstinado a darse por vencidos. La palabra griega aquí (*hupomonē*) literalmente significa "permanecer bajo". Se trata de una noble valentía que acepta sin titubeos penurias, sufrimientos y persecución. Es una actitud invencible que persiste con firmeza frente a las dificultades y la oposición.

El versículo 2 sigue describiendo las credenciales piadosas de los efesios, señalando que no pueden "soportar a los malos". Eran sensibles al pecado y a la presencia del mal. Odiaban la maldad como Dios la odia, y reconocían el daño que el pecado hace al compañerismo y el testimonio de la iglesia de Dios. La implicación aquí es que ellos entendían que "un poco de levadura leuda toda la masa" (Gá. 5:9). Parece que seguían las instrucciones de Cristo para la disciplina de la iglesia (Mt. 18:15-20) y no hacían caso omiso al pecado en medio de ellos. En su epístola a la iglesia, Pablo exhortó a los efesios a no dar "lugar al diablo" (Ef. 4:27). Las palabras de Cristo aquí en Apocalipsis indican que ellos se protegían fielmente contra los intentos de Satanás de infiltrarse en su comunidad.

También eran una iglesia que exhibía gran discernimiento. Apocalipsis 2:2 observa que los efesios habían puesto a prueba "a los que se dicen ser apóstoles, y no lo son, y los [habían] hallado mentirosos".

La iglesia primitiva fue atacada desde el principio por falsos maestros. Los judaizantes y su legalismo; los gnósticos y su elevado conocimiento secreto; los antinomianos y su libertinaje… falsos evangelios y herejías abundaban en el mundo del primer siglo. En su segunda epístola, que probablemente escribió en Éfeso, Juan advirtió a los creyentes: "Muchos engañadores han salido por el mundo… Si alguno viene a vosotros, y no trae esta doctrina, no lo recibáis en casa, ni le digáis: ¡Bienvenido!" (2 Jn. 1:7, 10). Cristo identificó en el Sermón del Monte la amenaza que representaban los falsos maestros: "Guardaos de los falsos profetas, que vienen a vosotros con vestidos de ovejas, pero por dentro son lobos rapaces" (Mt. 7:15). Cuando Pablo se preparaba a dejar a los creyentes de Éfeso en Hechos 20, emitió una grave advertencia a los ancianos: "Sé que después de mi partida entrarán en medio de vosotros lobos rapaces, que no perdonarán al rebaño. Y de vosotros mismos se levantarán hombres que hablen cosas perversas para arrastrar tras sí a los discípulos. Por tanto, velad, acordándoos que por tres años, de noche y de día, no he cesado de amonestar con lágrimas a cada uno" (Hch. 20:29-31). Los creyentes en Éfeso tomaron en serio esa advertencia y cuidadosamente probaron a todos los que afirmaban hablar por el Señor.

Apocalipsis 2:6 también celebra el discernimiento de los efesios: "Tienes esto, que aborreces las obras de los nicolaítas, las cuales yo también aborrezco". La naturaleza de la herejía nicolaíta se ha perdido para la historia; no sabemos con seguridad qué enseñaban o por qué el Señor detestaba lo que hacían. Vuelven a mencionarse en la carta a la iglesia en Pérgamo, donde tal falsa enseñanza se vincula con la idolatría a Balaam, quizás indicando que la adoración de los nicolaítas incluía idolatría e inmoralidad sexual. Lo poco que sabemos nos viene de los escritos de los padres de la iglesia primitiva. Ireneo escribió que los nicolaítas "llevaban vidas desenfrenadas de gratificación",[2] mientras Clemente de Alejandría declaró que "[se entregan] a los placeres como cabras, como despreciando el cuerpo, [y] llevan una vida de excesos".[3] Independientemente de lo que impliquen "las obras de los nicolaítas", los efesios tenían discernimiento piadoso para evitar esa influencia corruptora. Tenían razón en odiar la herejía de los nicolaítas; Dios también la odiaba.

¿De dónde obtuvieron tan encomiable discernimiento? De estar bien versados en la verdad de Dios. Esta era una iglesia con muy buena enseñanza. Se apoyaban en algunas de las mentes más agudas y piadosas en la iglesia primitiva. Pero no reposaron en ese legado; no supusieron que su sola herencia los protegería. Pusieron en práctica los principios y las doctrinas que les transmitieron, y protegieron fielmente la iglesia de la avalancha constante de falsa enseñanza. La iglesia moderna debe tomar nota de este ejemplo. No podemos defender la fe simplemente afirmando nuestras credenciales. El discernimiento doctrinal es trabajo duro, pero el legado de una iglesia pura y protegida es una de las mayores ofrendas que podemos entregar a Dios.

Finalmente, el Señor resume sus elogios a la iglesia en Éfeso en el versículo 3: "Has sufrido, y has tenido paciencia, y has trabajado arduamente por amor de mi nombre, y no has desmayado". La clave

---

2. Citado en Merrill C. Tenney, *Interpreting Revelation* (Grand Rapids: Eerdmans, 1957), p. 61.

3. Clement, *The Stromata, or Miscellanies*, en Alexander Roberts y James Donaldson eds., *The Ante-Nicene Fathers*, 9 vols. (Edinburgh: T&T Clark, 1873), 2:373.

aquí es la motivación que tenían los efesios. Durante décadas trabajaron en la obra del evangelio. Perseveraron contra una oposición feroz. Guardaron fielmente la pureza de la iglesia. Estuvieron atentos a proteger al pueblo de Dios de la amenaza constante de falsos maestros. Soportaron severa persecución y gran sufrimiento. Y no desmayaron ni sucumbieron a la desilusión y frustración. A través de todo esto, el Señor declara que la motivación suprema de estos efesios no era algún plan personal secreto o alguna ambición. No, lo hacían por el nombre de Dios. La gloria de Cristo y el testimonio de su evangelio siempre estaban en el centro, fijados como la fuerza impulsora detrás de la vida de la iglesia.

Desde todo ángulo y perspectiva, esta parecía ser una iglesia ejemplar. A primera vista parecía ser un cuerpo fuerte y puro de creyentes fieles. Pero los ojos del Señor son "como llama de fuego". Nada escapa a su vista penetrante y omnisciente. Y en lo más profundo bajo la superficie, en su centro, la iglesia en Éfeso tenía un defecto espiritualmente fatal.

DEL ELOGIO A LA CONDENA

El versículo 4 explica el fracaso espiritual de los efesios, y la causa del reproche de Cristo: "Pero tengo contra ti, que has dejado tu primer amor". Los corazones ardientes que una vez tuvieron por Cristo en los días posteriores a ser liberados del reino de las tinieblas habían parpadeado, apagándose con el tiempo. Cuatro décadas pasaron entre los primeros días de la iglesia bajo Pablo y la visión de Juan en Patmos. La pasión de esa primera generación se había enfriado, y la segunda generación simplemente siguió el patrón que le transmitieron. Su devoción colectiva a Cristo se había reemplazado por frialdad obediente. Mantenían todos los comportamientos externos adecuados y la ortodoxia doctrinal, pero su servicio al Señor ya no era motivado por el ardiente amor original por Él. Tendía hacia el comportamiento aprendido, la piedad mecánica.

Más de una vez el Señor reprendió a Israel por la misma falta. Las palabras de condena hacia su pueblo nos ilustran el grave peligro de permitir que se enfríe y apague el amor por el Señor. Dios ordenó al profeta Jeremías:

> Anda y clama a los oídos de Jerusalén, diciendo: Así dice Jehová: Me he acordado de ti, de la fidelidad de tu juventud, del amor de tu desposorio, cuando andabas en pos de mí en el desierto, en tierra no sembrada. Santo era Israel a Jehová, primicias de sus nuevos frutos. Todos los que le devoraban eran culpables; mal venía sobre ellos, dice Jehová.
>
> Oíd la palabra de Jehová, casa de Jacob, y todas las familias de la casa de Israel. Así dijo Jehová: ¿Qué maldad hallaron en mí vuestros padres, que se alejaron de mí, y se fueron tras la vanidad y se hicieron vanos? Y no dijeron: ¿Dónde está Jehová, que nos hizo subir de la tierra de Egipto, que nos condujo por el desierto, por una tierra desierta y despoblada, por tierra seca y de sombra de muerte, por una tierra por la cual no pasó varón, ni allí habitó hombre? Y os introduje en tierra de abundancia, para que comieseis su fruto y su bien; pero entrasteis y contaminasteis mi tierra, e hicisteis abominable mi heredad. Los sacerdotes no dijeron: ¿Dónde está Jehová? y los que tenían la ley no me conocieron; y los pastores se rebelaron contra mí, y los profetas profetizaron en nombre de Baal, y anduvieron tras lo que no aprovecha.
>
> Por tanto, contenderé aún con vosotros, dijo Jehová, y con los hijos de vuestros hijos pleitearé. Porque pasad a las costas de Quitim y mirad; y enviad a Cedar, y considerad cuidadosamente, y ved si se ha hecho cosa semejante a esta. ¿Acaso alguna nación ha cambiado sus dioses, aunque ellos no son dioses? Sin embargo,

> mi pueblo ha trocado su gloria por lo que no aprovecha. Espantaos, cielos, sobre esto, y horrorizaos; desolaos en gran manera, dijo Jehová. Porque dos males ha hecho mi pueblo: me dejaron a mí, fuente de agua viva, y cavaron para sí cisternas, cisternas rotas que no retienen agua (Jer. 2:2-13).

En un sorprendente pasaje que debería ayudar a los creyentes a entender la severidad de abandonar su primer amor, el Señor condena a Israel a través de Ezequiel por abandonar su relación con Él.

> Pasé yo otra vez junto a ti, y te miré, y he aquí que tu tiempo era tiempo de amores; y extendí mi manto sobre ti, y cubrí tu desnudez; y te di juramento y entré en pacto contigo, dice Jehová el Señor, y fuiste mía. Te lavé con agua, y lavé tus sangres de encima de ti, y te ungí con aceite; y te vestí de bordado, te calcé de tejón, te ceñí de lino y te cubrí de seda. Te atavié con adornos, y puse brazaletes en tus brazos y collar a tu cuello. Puse joyas en tu nariz, y zarcillos en tus orejas, y una hermosa diadema en tu cabeza. Así fuiste adornada de oro y de plata, y tu vestido era de lino fino, seda y bordado; comiste flor de harina de trigo, miel y aceite; y fuiste hermoseada en extremo, prosperaste hasta llegar a reinar. Y salió tu renombre entre las naciones a causa de tu hermosura; porque era perfecta, a causa de mi hermosura que yo puse sobre ti, dice Jehová el Señor.
>
> Pero confiaste en tu hermosura, y te prostituiste a causa de tu renombre, y derramaste tus fornicaciones a cuantos pasaron; suya eras (Ez. 16:8-15).

En ese sentido, incluso el elogio de Cristo a la iglesia en Éfeso se convierte en parte de su condena. En realidad, Él expresa: "Sí, doctrinal y moralmente eres pura. Eres celosa, trabajadora y disciplinada.

Naciste en el corazón del paganismo y te autenticaste por medio de señales y prodigios maravillosos. Fuiste edificada a través de la una eficaz proclamación del evangelio. Has tenido el mejor liderazgo posible, y disfrutas su espléndida herencia hasta el día de hoy. Lo tienes todo. Y aún procedes fielmente. Todavía trabajas, das y crees. Aún adoras y te aferras a la verdad. Pero sé que no amas como solías hacerlo".

El mensaje es claro: "Vuélvete. No me abandones".

Este es un peligro para todo creyente y toda iglesia, en particular aquellas como la de Éfeso, que fácilmente pueden deslizarse en patrones de piedad y servicio, pero carentes de amor. Así como debemos trabajar en la obra del reino de Dios, debemos esforzarnos por avivar las llamas de nuestro amor por su Hijo. No debemos estar satisfechos con el servicio frío y robótico que se ofrece. No podemos permitir que nuestros corazones se enfríen hacia nuestro Salvador. El costo es demasiado alto.

Considere la reacción en cadena de abandonar el primer amor. El desvanecimiento del amor por Cristo es precursor de apatía espiritual. La apatía es precursora de amar algo más. Y amar algo más significa prioridades en competencia con Cristo, lo cual, a su vez, lleva a transigir con el mundo y la corrupción, resultando finalmente en juicio. Veremos ese patrón representándose una y otra vez en las cartas de Cristo a las otras iglesias a medida que las llama al arrepentimiento.

Pero Éfeso todavía estaba en el precipicio. Aunque habían abandonado su primer amor y se habían desviado hacia la apatía espiritual, aún no habían rendido su corazón colectivo a algo más. Tampoco habían transigido con el mundo ni caído en corrupción. Aún había tiempo para arrepentirse y regresar al amor que una vez caracterizó su relación con el Señor.

EL LLAMADO A ACTUAR

Cristo les ordena que hagan exactamente eso. "Recuerda, por tanto, de dónde has caído, y arrepiéntete, y haz las primeras obras; pues si no, vendré pronto a ti, y quitaré tu candelero de su lugar, si no te hubieres arrepentido" (Ap. 2:5). Esta es la receta del gran Médico para restaurar su afecto en decadencia.

El primer paso para reavivar el amor por el Señor es recordar "de dónde has caído". Pensemos otra vez en los primeros días de nuestra nueva vida en Cristo. Recordemos las gloriosas alturas de nuestra recién encontrada libertad del pecado. Recordemos el gozo del Señor y la gratitud de nuestro corazón redimido. Recordemos nuestro amor por el pueblo de Dios y nuestra hambre insaciable por su Palabra. Recordemos la obra iluminadora del Espíritu y nuestra transformación de corazón, voluntad y mente. Recordemos el consuelo sin precedentes de la verdadera seguridad bíblica. Debemos pensar frecuentemente en estos aspectos para avivar las llamas de nuestro amor por Cristo.

Pero el Señor no está satisfecho con el simple sentimiento nostálgico como si esto fuera primer amor. También debemos arrepentirnos y hacer "las primeras obras". Así restauramos una relación amorosa: volvamos a hacer lo que hacíamos al principio. Rompamos el ciclo de un servicio frío y mecánico al Señor, y reestablezcamos los hábitos de devoción amorosa. No hay mejor manera de demostrar verdadero arrepentimiento que regresar a los patrones que hemos abandonado. Para los efesios, eso significaba redescubrir las riquezas de su devoción a Dios, a su Palabra y a la obra del reino divino.

Espero que encuentres gran consuelo en el hecho de que ellos fueron llamados a un arrepentimiento total. Ningún cristiano puede mantener fácilmente su amor por Cristo. El pecado siempre usurpa y disminuye nuestra devoción a Él, aunque solo momentánea y periódicamente. Pero al considerar las grandes alturas de las que habían caído los efesios, es un poderoso estímulo saber que la caída no es permanente, que nuestro amor puede renovarse y nuestra relación puede restaurarse. Hay plenitud de gracia incluso en el juicio de Dios y abundante misericordia en su llamado al arrepentimiento.

¿Qué pasaría si la congregación no hacía caso a la advertencia de Cristo de volver a su primer amor? El Señor respondió: "Vendré pronto a ti, y quitaré tu candelero de su lugar, si no te hubieres arrepentido". El Señor no toleraría una iglesia que disminuyera su amor por Él. Si los efesios no se arrepentían, el Señor les apagaría su candelero. En pocas palabras, esto significaría el fin de esa iglesia.

La historia no nos dice cómo respondió inicialmente la iglesia en Éfeso al llamado de Cristo al arrepentimiento. Quizás hubo un período en que reavivaron su primer amor. Tal vez acataron la amenaza del juicio de Cristo sobre ellos, pero finalmente el Señor quitó su candelero. Hoy día no hay iglesia en Éfeso, ni siquiera una ciudad allí. Si esa iglesia pudo ser derribada de tan grandes alturas espirituales, ¿deberíamos esperar alguna acción diferente de parte del Señor en las iglesias que hoy sucumben a los mismos fracasos? Debemos recordar el sabio consejo de Salomón: "Sobre toda cosa guardada, guarda tu corazón; porque de él mana la vida" (Pr. 4:23). Debemos guardar nuestros corazones y atesorar nuestro primer amor por Cristo.

Oseas fue uno de los muchos profetas encargados de llamar al reincidente Israel al arrepentimiento después que su amor por Dios se enfriara y desvaneciera. Oseas cerró su ruego a esa nación caprichosa con palabras de consuelo y una promesa:

> Vuelve, oh Israel, a Jehová tu Dios; porque por tu pecado has caído. Llevad con vosotros palabras de súplica, y volved a Jehová, y decidle: Quita toda iniquidad, y acepta el bien, y te ofreceremos la ofrenda de nuestros labios. No nos librará el asirio; no montaremos en caballos, ni nunca más diremos a la obra de nuestras manos: Dioses nuestros; porque en ti el huérfano alcanzará misericordia (Os. 14:1-3).

En respuesta a tal arrepentimiento, el Señor promete: "Yo sanaré su rebelión, los amaré de pura gracia; porque mi ira se apartó de ellos" (v. 4).

En Apocalipsis 2, Cristo también termina su carta a Éfeso con una exhortación y una promesa: "El que tiene oído, oiga lo que el Espíritu dice a las iglesias. Al que venciere, le daré a comer del árbol de la vida, el cual está en medio del paraíso de Dios" (Ap. 2:7). Esta no es una observación final para los efesios solamente; es un mensaje de asesoramiento para todo aquel que lee estas cartas. La frase "el que tiene oído, oiga lo que el Espíritu dice a las iglesias" se repite en todas las siete cartas de Cristo. La sugerencia es que estas cartas nunca pretendieron tener una audiencia única o una vida útil corta. Se presentan como advertencias para todos los creyentes y todas las iglesias en todas partes, a lo largo de toda la historia de la iglesia. Esta no fue solo una advertencia para Éfeso; toda la iglesia debe sentir el peso de estas palabras. Las palabras de Dios a través de Pedro fortalecen este mensaje: "Es tiempo de que el juicio comience por la casa de Dios" (1 P. 4:17).

Para quienes escuchan hay una promesa adjunta: "Al que venciere". En cada carta aparecen términos similares, resaltando siempre una bendición para los "vencedores". Este no es un llamado a alcanzar alguna vida espiritual más elevada. Es simplemente una manera de identificar a los cristianos verdaderos. La primera epístola de Juan nos muestra a qué se refiere Cristo aquí: "Todo lo que es nacido de Dios vence al mundo; y esta es la victoria que ha vencido al mundo, nuestra fe. ¿Quién es el que vence al mundo, sino el que cree que Jesús es el Hijo de Dios?" (1 Jn. 5:4-5). Todos los creyentes son "vencedores": su fe en el Señor Jesús los ha llevado del mundo de tinieblas a la luz del reino de Dios.

Y el Señor promete abundante bendición a quien venza: "Le daré a comer del árbol de la vida, el cual está en medio del paraíso de Dios" (Ap. 2:7). El "árbol de la vida" apareció primero en el huerto del Edén, junto con el árbol del conocimiento del bien y el mal (Gn. 2:9). Después que Adán y Eva se corrompieron por el pecado, fueron expulsados del huerto para así cortarles el acceso al árbol de la vida (3:22-24). Estaban bajo sentencia de muerte. En

Apocalipsis 22, el árbol de la vida vuelve a aparecer (vv. 2, 14, 19), esta vez simbolizando vida eterna con Dios en el cielo.

La promesa de Cristo para los vencedores es clara y directa: *El que cree en mí será rescatado de este mundo condenado, y se le dará un hogar conmigo por la eternidad.* Aunque el pecado en la iglesia invita al juicio del Señor contra su pueblo, no mitiga la salvación que ha recibido. Esta es una promesa de seguridad eterna del creyente: que a pesar de nuestros reiterados fracasos para cumplir con la norma sagrada de Dios, somos "vencedores" que no perderemos nuestra salvación, y que nuestro Señor nos sostendrá y nos llevará al paraíso de Dios por la eternidad (véase Jn. 6:37, 39).

Pensemos en lo que podría haber sido escuchar esta carta leída por primera vez en la iglesia de Éfeso. Imaginemos el horror de saber que el Señor mismo estaba amenazando con cerrar nuestra iglesia y eliminarla si no nos arrepentíamos y volvíamos a nuestro primer amor por Él. Estaríamos aterrados. Por eso Cristo concluye con esta consoladora promesa eterna para su iglesia redimida. *Debes arrepentirte cuando tu amor se desvanece; juicio temporal viene sobre ti si no lo haces. Pero tu futuro aún es seguro conmigo.* Así como debemos hacer caso a las palabras de Cristo de advertencia para sus iglesias, debemos descansar en la seguridad de nuestra salvación, sabiendo que nada, ni siquiera nuestros fracasos pecaminosos, puede separarnos del amor de Dios (Ro. 8:38-39).

4

La iglesia perseguida
ESMIRNA

A través de los años he tenido el privilegio de viajar por Europa del Este y la antigua Unión Soviética. En esos viajes he conocido muchos pastores que padecieron severa persecución en la Rusia comunista. Me contaban cómo era la vida allí, que no podían educarse ni conseguir trabajo. Vivían bajo constante vigilancia y maltrato por parte de las autoridades. Algunos fueron desterrados a Siberia y escuché de muchos más que habían muerto por su fe. La mayoría de las iglesias se vieron obligadas a reunirse en secreto, sabiendo siempre que ser descubiertas podía significar encarcelamiento, tortura e incluso muerte. Esa era la vida bajo el ateísmo agresivo del comunismo. Y sabemos de cristianos hoy día que viven bajo circunstancias similares en partes del mundo aún dominadas por comunismo o islamismo.

Sin embargo, después que la Cortina de Hierro cayó, lo que me asombró fue la notable fortaleza de esas iglesias perseguidas. Dondequiera que yo iba encontraba cristianos dedicados y devotos. Los años de persecución los habían forjado en una iglesia pura y celosa por la verdad, y profundamente entregados a Cristo. Su fe era viva y auténtica, forjada después de años de sufrimiento a través de una feroz oposición.

A los creyentes en Esmirna los purificó igualmente la persecución, y el Señor de la iglesia los elogia por la firme fidelidad que mostraron. Tuvieron la clase de carácter cristiano que nace de dificultad y oposición.

EL FRUTO DE LA PERSECUCIÓN

Cuando el Señor les dijo a sus discípulos "edificaré mi iglesia" en Mateo 16:18, incluyó la promesa de que "las puertas del Hades no prevalecerán contra ella". Las "puertas del Hades" era un eufemismo común para muerte. A lo que Jesús se refirió fue que Satanás atacará la iglesia con una fuerza letal. Y como la historia de la iglesia nos revela, Satanás ha emprendido continuamente un ataque incesante y empecinado sobre la iglesia. Todo el sistema mundial odia a Dios, su Palabra, y su iglesia verdadera.

Como resultado, los cristianos deben esperar que pueden enfrentar persecución. En 2 Timoteo 3:12, Pablo dijo: "Todos los que quieren vivir piadosamente en Cristo Jesús padecerán persecución". Pedro declaró a sus lectores: "Amados, no os sorprendáis del fuego de prueba que os ha sobrevenido, como si alguna cosa extraña os aconteciese" (1 P. 4:12). El sufrimiento no es nada anormal, pero también tiene un propósito. "El Dios de toda gracia, que nos llamó a su gloria eterna en Jesucristo, después que hayáis padecido un poco de tiempo, él mismo os perfeccione, afirme, fortalezca y establezca" (1 P. 5:10). Ese es el consuelo divino para los creyentes: que no nos esforzamos ni sufrimos en vano en este mundo. Santiago nos dice que enfrentemos con *gozo* las pruebas y los sufrimientos, "sabiendo que la prueba de vuestra fe produce paciencia. Mas tenga la paciencia su obra completa, para que seáis perfectos y cabales, sin que os falte cosa alguna" (Stg. 1:3-4). Consideremos esto: para los cristianos no existe tal cosa como sufrimiento sin sentido. El Señor siempre está refinándonos y afilándonos para la edificación de su iglesia.

También debemos considerar los efectos purificadores. Los hipócritas y charlatanes no se mantienen firmes en medio de la persecución; ellos huyen. Los herejes y mercenarios no duran mucho cuando la iglesia está bajo fuego. Y los mercaderes de la fe se ven obligados a cerrar el negocio cuando el mismo nombre de Dios es prohibido. La persecución purga la iglesia de falsos maestros, del falso evangelio y de las falsas profesiones de fe. Si, como parece, la iglesia hoy está en medio de otra ola de persecución, será beneficioso. Según Pedro dijo, incluso la más feroz persecución nos viene con grandes beneficios espirituales. Perfecciona y confirma nuestra fe, fortalece nuestro compromiso con el Señor, y establece su iglesia en el mundo alineado contra ella. La persecución no destruye la iglesia; la fortalece.

Pablo declaró esa realidad basado en su propia experiencia:

> [El Señor] me ha dicho: Bástate mi gracia; porque mi poder se perfecciona en la debilidad. Por tanto, de buena gana me gloriaré más bien en mis debilidades, para que repose sobre mí el poder de Cristo. Por lo cual, por amor a Cristo me gozo en las debilidades, en afrentas, en necesidades, en persecuciones, en angustias; porque cuando soy débil, entonces soy fuerte (2 Co. 12:9-10).

Tal fue el caso en Esmirna.

LA CIUDAD Y LA IGLESIA

Ubicada en la costa del mar Egeo a más de sesenta kilómetros al norte de Éfeso, según los historiadores, Esmirna era la ciudad más hermosa en Asia Menor. Desde la bahía, la urbe se extendía sobre onduladas colinas y el Pagos, un monte que acogía los templos en honor de varios dioses y diosas, entre ellos Zeus, Apolo, Afrodita, Asclepio y Cibeles. A fin de atender a todas las demandas religiosas, también tenían templos para César y Roma. Esmirna era también conocida por la ciencia, la medicina y lo académico. Homero supuestamente nació en Esmirna (también había un templo para él). Además, era una de las ciudades más antiguas en la región, asentada posiblemente desde el año 3000 a.C. La Esmirna de la época del apóstol Juan había sido reconstruida en el 290 a.C. por sucesores de Alejandro Magno. A diferencia de Éfeso, Esmirna sigue siendo en la actualidad una ciudad próspera. Se le conoce como Ízmir, una de las más grandes en Turquía.

Y en Esmirna todavía hay cristianos. Aunque la mayoría de las iglesias son católicas, coptas, ortodoxas o siriacas, hay indicios de que fieles cristianos creyentes en la Biblia aún viven hoy día en Ízmir, bajo feroz persecución a manos de musulmanes. El Señor quitó finalmente el candelero de Éfeso, pero todavía hay luz en Esmirna.

No sabemos cuándo llegó por primera vez el evangelio a la ciudad. La iglesia fue quizás fundada durante el ministerio de Pablo en Éfeso, cuando "todos los que habitaban en Asia... oyeron la palabra del Señor Jesús" (Hch. 19:10). Hechos no nos ofrece ninguna pista de la vida de la iglesia en Esmirna. Los pocos detalles bíblicos que conocemos acerca de esta congregación fiel vienen de las propias palabras de Cristo en Apocalipsis.

Al igual que el Señor hace en cada una de sus cartas a las siete iglesias, empieza identificándose vívidamente como el autor de la misiva. A la iglesia en Esmirna se refiere como "el primero y el postrero, el que estuvo muerto y vivió" (Ap. 2:8). Esta es una repetición de las consoladoras palabras del Señor en la visión inicial de Juan: "No temas; yo soy el primero y el último; y el que vivo, y estuve muerto; mas he aquí que vivo por los siglos de los siglos, amén. Y tengo las llaves de la muerte y del Hades" (1:17-18).

"El primero y el último" era un título del Antiguo Testamento para Dios (véase Is. 44:6; 48:12). Es una afirmación de la naturaleza y autoridad de Cristo, quien vuelve a afirmar ese título al final del Apocalipsis, proclamando: "Yo soy el Alfa y la Omega, el principio y el fin, el primero y el último" (Ap. 22:13). Nuestro Dios es eterno. Ya existía cuando todo fue creado, y permanecerá después de la destrucción de todo. Él trasciende el tiempo, el espacio y todo lo creado.

Sin embargo, por el bien de pecadores desdichados, Él estuvo muerto y vive. ¿Cómo muere un Dios infinito? Solo en la encarnación de Jesucristo, cuando tomó forma humana para tener una muerte sustitutiva a favor de nosotros. Pedro nos dice que Cristo fue "muerto en la carne, pero vivificado en espíritu" (1 P. 3:18). En calidad de hombre murió por el pecado, y ahora vive, como declara el autor de Hebreos, "según el poder de una vida indestructible" (He. 7:16). La muerte no pudo detenerlo. El cuerpo de Jesús murió y fue a la tumba. Pero el alma de Cristo "no fue dejada en el Hades, ni su carne vio corrupción" (Hch. 2:31). Su resurrección de entre los muertos es la prueba de que Dios aceptó su sacrificio como expiación total por el pecado. La resurrección es también la garantía de nuestra esperanza de una eternidad con Él.

Esas podrían haber sido palabras particularmente consoladoras para la atribulada iglesia de Esmirna. Despreciada, perseguida, oprimida y en inferioridad numérica, no podía haber mayor aliento que escuchar al Señor mismo, quien padeció mucho más de lo que ellos habían sido elegidos para soportar (véase He. 12:3-4). Con el Señor de su lado, podían enfrentar cualquier amenaza, incluso la muerte misma. Podían aferrarse a la promesa de Cristo en el Evangelio de Juan: "Yo soy la resurrección y la vida; el que cree en mí, aunque esté muerto, vivirá. Y todo aquel que vive y cree en mí, no morirá eternamente" (Jn. 11:25-26). La muerte no podía detenerlos más de lo que podía detener a Jesús.

En Apocalipsis 2:9, el Señor continúa sus consoladoras palabras: "Yo conozco tus obras, y tu tribulación, y tu pobreza (pero tú eres rico), y la blasfemia de los que se dicen ser judíos, y no lo son, sino sinagoga de Satanás".

Huelga decir que Esmirna era un lugar difícil para ser cristiano. Los creyentes allí tal vez enfrentaron persecución en varios frentes. Para comenzar, la ciudad estaba profundamente dedicada a la adoración a César y la celebración de todas las cosas de Roma. Incluso adoraban a la misma Roma; la *Dea Roma* era una diosa que personificaba a la ciudad. Durante el reinado de Domiciano eran obligatorios los sacrificios anuales a César, y negarse a ofrecerlos era un delito grave. Es más, simplemente no pronunciar las palabras "César es Señor" cuando lo pidieran, podía costar la vida a un creyente. Aunque los cristianos podían someterse a la autoridad civil de Roma (véase Ro. 13:1-7), no podían participar de la devoción idolátrica a César. Mantener esa línea divisoria los hacían parecer rebeldes sediciosos, incurriendo en la ira de Roma.

Además, Esmirna estaba inundada en paganismo. Adoraban escrupulosamente a todos los dioses alojados en Pagos, y muchos más. Templos, festivales y rituales paganos de toda clase dominaban la vida social de la ciudad. Y los creyentes evitaban todo eso. Los cristianos en Esmirna no estaban sincronizados de alguna manera con la cultura. Además, adoraban a un Dios invisible, una idea totalmente contraria en el mundo antiguo, lo cual llevaba a falsas acusaciones de ateísmo.

A tales formas de persecución se sumaba la "pobreza" de ellos (Ap. 2:9). Los creyentes en Esmirna no solo eran pobres. La palabra griega aquí (*ptojeía*) significa que no tenían nada. No solamente les faltaban los recursos básicos, sino también los medios para mejorar su situación. Es posible que muchos en la iglesia fueran esclavos. Y cualquier posesión que pudieran haber tenido tal vez la habían confiscado en la persecución de creyentes. Eran indigentes, y sobrevivían escasamente con lo que podían recoger juntos.

No obstante, Cristo incluye entre paréntesis una curiosa nota: "Conozco... tu pobreza (pero tú eres rico)". Contrastemos eso con las palabras de condena a la iglesia en Laodicea: "Tú dices: Yo soy rico, y me he enriquecido, y de ninguna cosa tengo necesidad; y no sabes que tú eres un desventurado, miserable, pobre, ciego y desnudo" (3:17). Los de Laodicea podrían haber tenido riquezas materiales, pero en lo que más importaba (fidelidad, santidad, paciencia y amor por Dios) estaban espiritualmente en bancarrota. Por el contrario, los cristianos en Esmirna no tenían nada, pero eran espiritualmente ricos.

SINAGOGA DE SATANÁS

Había otro frente importante de persecución para los atormentados creyentes en Esmirna. Cristo lo describe en Apocalipsis 2:9 como "la blasfemia de los que se dicen ser judíos, y no lo son, sino sinagoga de Satanás". La comunidad judía en Esmirna odiaba a los cristianos. Difundían rumores maliciosos acerca de la iglesia, envenenando las mentes de las personas e incitando al gobierno local. ¿Por qué? Porque despreciaban ferozmente el evangelio de Jesucristo y a todos aquellos que lo declaraban como el tan esperado Mesías.

Los dirigentes religiosos de Israel planearon una y otra vez ahogar el avance del evangelio y silenciar a los apóstoles. Lucas relata en el libro de Hechos muchos de tales intentos. Por ejemplo, en Hechos 4:18 el concilio ordenó a los apóstoles "que en ninguna manera hablasen ni enseñasen en el nombre de Jesús". Cuando los apóstoles siguieron haciéndolo, "levantándose el sumo sacerdote y todos los que estaban con él, esto es, la secta de los saduceos, se llenaron de celos; y echaron mano a los apóstoles y los pusieron en la cárcel pública" (5:17-18). Hechos 13 relata la reacción de los líderes judíos a la predicación de Pablo en Antioquía. "Viendo los judíos la muchedumbre, se llenaron de celos, y rebatían lo que Pablo decía, contradiciendo y blasfemando... Pero los judíos instigaron a mujeres piadosas y distinguidas, y a los principales de la ciudad, y levantaron persecución contra Pablo y Bernabé, y los expulsaron de sus límites" (13:45, 50). En Iconio, "los judíos que no creían excitaron y corrompieron los ánimos de los gentiles contra los hermanos... Pero cuando los judíos y los gentiles, juntamente con sus gobernantes, se lanzaron a afrentarlos y apedrearlos, habiéndolo sabido, huyeron" (14:2, 5-6). Lucas nos habla de la tribulación que siguió a Pablo y sus compañeros a Listra, donde "vinieron unos judíos de Antioquía y de Iconio, que persuadieron a la multitud, y habiendo apedreado a Pablo, le arrastraron fuera de la ciudad, pensando que estaba muerto" (14:19). En Tesalónica, "los judíos que no creían, teniendo celos, tomaron consigo a algunos ociosos, hombres malos, y juntando una turba, alborotaron la ciudad" (17:5). Esa era la clase de persecución traicionera que los judíos en Esmirna emprendían contra la iglesia. Estaban tan decididos a reprimir el crecimiento de la iglesia que se asociaron con los paganos.

Cristo se refiere a ellos como "sinagoga de Satanás". Este es un comentario escalofriante sobre la apostasía del judaísmo en el Nuevo Testamento. Cualquier servicio de labios que todavía presentaran al único Dios verdadero no valía nada después que rechazaran al Hijo como Mesías. Su religión era tan opuesta a la verdad de Dios como lo era la adoración al emperador y el paganismo que dominaban Esmirna, y sus sinagogas tan espiritualmente vacías como los templos que contaminaban a Pagos.

La identificación de estos perseguidores como "los que se dicen ser judíos, y no lo son" no pretende afirmar que simplemente se disfrazaran como judíos. Más bien, repite la declaración de Pablo en Romanos 2:28-29: "No es judío el que lo es exteriormente, ni es la circuncisión la que se hace exteriormente en la carne; sino que es judío el que lo es en lo interior, y la circuncisión es la del corazón, en espíritu, no en letra; la alabanza del cual no viene de los hombres, sino de Dios". Eran judíos de nacimiento, pero espiritualmente eran paganos blasfemos y enemigos de Dios.

UN LEGADO DE PERSECUCIÓN

La carta a la iglesia en Esmirna no contiene reprensión ni condena. El Señor no tuvo más que elogios para esta iglesia oprimida, y su fidelidad sobresale como ejemplo brillante para todas las iglesias en todo lugar.

Sin embargo, la carta sí lleva una advertencia, no de juicio sino de más persecución venidera. En Apocalipsis 2:10, el Señor los anima: "No temas en nada lo que vas a padecer. He aquí, el diablo echará a algunos de vosotros en la cárcel, para que seáis probados, y tendréis tribulación por diez días". No hay registros que nos digan cómo se cumplieron estas profecías en la iglesia de Esmirna. No sabemos a quién inspiró el diablo para encarcelarlos; simplemente ese era un destino común para los creyentes en esa ciudad. Tampoco sabemos específicamente qué ocurrió durante los diez días de tribulación y prueba. Algunos han sugerido que el Señor estaba usando lenguaje figurado para indicar períodos más largos de persecución, pero en el texto no hay indicio de que el Señor se refiera a algo distinto a diez días de veinticuatro horas.

Lo que sí sabemos es que la persecución de alguna clase continuó en Esmirna por décadas y convirtió a uno de los héroes de la iglesia primitiva en uno de sus mártires más famosos. Policarpo era el obispo o pastor de la iglesia en Esmirna. La tradición nos relata que fue ordenado por el apóstol Juan para predicar, una afirmación convincente ya que el hombre tenía más de ochenta años cuando fue quemado en la hoguera en el año 156 d.C., solo cincuenta o sesenta años después que Juan escribiera el libro de Apocalipsis. Es posible que Policarpo ministrara fielmente en las iglesias de Asia Menor junto al apóstol antes que a este lo desterraran a Patmos.

La narración del martirio de Policarpo ilustra cómo la ciudad entera se alineó contra la iglesia, deseosa de contribuir a su desaparición. La historia nos dice que Policarpo murió durante un festival de juegos públicos (bajo Roma, eso significaba ejecuciones públicas). Los judíos y los paganos se unieron y pidieron su muerte.

Policarpo no tenía intereses egoístas para salvarse. Tuvo un sueño en el que vio que la almohada se le quemaba bajo la cabeza, y estaba convencido de que esta era una señal de que sería quemado vivo.

Pero en deferencia a la iglesia salió de la ciudad para permanecer con amistades en el campo. Sus perseguidores se enfurecieron al no poder encontrarlo. Agarraron a dos de sus hijos y los torturaron hasta que uno de ellos les dio la ubicación de su padre.

La tradición informa que incluso los soldados que lo arrestaron y devolvieron a la ciudad no quisieron verlo morir. Le suplicaron que maldijera a Dios y declarara: "César es el Señor", o que para salvarle la vida ofreciera un simple sacrificio al emperador. Se nos dice que el fiel pastor respondió: "Ochenta y seis años le he servido, y Él nunca me hizo daño alguno: ¿cómo entonces podría blasfemar a mi Rey y Salvador?".[1]

Cuando se difundió por la ciudad la noticia de su captura, la emoción fue tan grande que multitudes recogieron todos los trozos de madera que pudieron encontrar en tiendas y baños para construir la hoguera. Los judíos estaban tan ansiosos de verlo muerto que llevaron más madera que los demás, violando el día de reposo en el proceso. Pero Policarpo no se inmutó por la amenaza de muerte. Retó a sus perseguidores: "Ustedes me amenazan con un fuego que arderá durante una hora, y después de poco tiempo se extinguirá, pero están haciendo caso omiso del fuego del juicio venidero y el castigo eterno reservados para los impíos. Pero ¿por qué tardan tanto? Traigan lo que deseen".[2]

La tradición afirma que sus verdugos no lo clavaron a la estaca, como se acostumbraba. Antes que pudieran hacerlo, Policarpo les dijo: "Déjenme como estoy; porque quien me da fuerzas para soportar el fuego también me permitirá, sin que me aseguren con clavos, permanecer sin moverme en la pila de leña".[3] Algunos relatos incluyen el detalle de que él parecía tan tranquilo entre las llamas que alguien lo alcanzó con una espada para acelerarle la muerte.

---

1. Citado en Alexander Roberts, Sir James Donaldson, eds., *The Ante-Nicene Fathers*, 10 vols. (Nueva York: Scribners, 1905), 1:41.

2. *Ibíd.*

3. *Ibíd.*, p. 42.

Así es como era la vida para la iglesia en Esmirna. Cada creyente en la iglesia debía vivir a diario la valiente proclamación del salmista: "En Dios he confiado; no temeré; ¿qué puede hacerme el hombre?" (Sal. 56:11).

EL PREMIO A LA PERSEVERANCIA

La carta de Cristo a la iglesia termina con un sentimiento similar y una promesa de bendición venidera: "Sé fiel hasta la muerte, y yo te daré la corona de la vida" (Ap. 2:10). No lea eso como un ultimátum. El Señor no estaba dándoles otro obstáculo para superar encima de todo lo demás que ya habían soportado. Al contrario, simplemente es un estímulo para perseverar en lo que ya habían estado haciendo fielmente, y para soportar bajo la feroz oposición organizada contra ellos.

Por sí mismos, los creyentes no tenemos capacidad para mantener o proteger nuestra fe. Si pudiéramos perder nuestra salvación, sin duda la perderíamos. En lugar de eso, es el Señor quien nos mantiene firmes en la fe. Cristo declaró varias veces esta gloriosa verdad a sus discípulos. "Yo les doy vida eterna; y no perecerán jamás, ni nadie las arrebatará de mi mano. Mi Padre que me las dio, es mayor que todos, y nadie las puede arrebatar de la mano de mi Padre" (Jn. 10:28-29). "Esta es la voluntad del Padre, el que me envió: Que de todo lo que me diere, no pierda yo nada, sino que lo resucite en el día postrero" (Jn. 6:39).

En su epístola a los Romanos, Pablo desecha cualquier preocupación acerca de la seguridad de nuestra salvación:

> Sabemos que a los que aman a Dios, todas las cosas les ayudan a bien, esto es, a los que conforme a su propósito son llamados. Porque a los que antes conoció, también los predestinó para que fuesen hechos conformes a la imagen de su Hijo, para que él sea el primogénito

> entre muchos hermanos. Y a los que predestinó, a estos también llamó; y a los que llamó, a estos también justificó; y a los que justificó, a estos también glorificó. ¿Qué, pues, diremos a esto? Si Dios es por nosotros, ¿quién contra nosotros? (Ro. 8:28-31).

Las Escrituras son claras: Si eres creyente, *perseverarás* en la fe. No debido a alguna fuerza inherente en tu interior. En ti mismo, no tienes esa fortaleza. Pero Dios mismo "es poderoso para guardar[te] sin caída, y presentar[te] sin mancha delante de su gloria con gran alegría" (Jud. 24). Y Él *mantiene* fiel a su pueblo. "El Señor me librará de toda obra mala, y me preservará para su reino celestial. A él sea gloria por los siglos de los siglos. Amén" (2 Ti. 4:18). Eso significa que tu fe soportará hasta el final si eres un creyente verdadero. La fe auténtica se prueba en los fuegos de la persecución. Sobrevive triunfalmente.

¿Qué significa eso para los que rechazan a Cristo y se alejan de la fe? Juan respondió esa pregunta en su primera epístola: "Salieron de nosotros, pero no eran de nosotros; porque si hubiesen sido de nosotros, habrían permanecido con nosotros; pero salieron para que se manifestase que no todos son de nosotros" (1 Jn. 2:19).

En ese sentido, el Señor no solo está prometiendo a los creyentes en Esmirna una recompensa *por* ser perseverantes. La perseverancia *es* la recompensa, ya que constituye un testimonio irrefutable de la autenticidad de la fe de ellos. Y aquellos cuya fe es validada por una vida fiel disfrutarán la corona de vida eterna con su Señor y Salvador.

La carta termina con una nota consoladora para los creyentes en Esmirna y para la audiencia más amplia: "El que tiene oído, oiga lo que el Espíritu dice a las iglesias. El que venciere, no sufrirá daño de la segunda muerte" (Ap. 2:11). La persecución puede costar mucho a los creyentes. Puede afectar nuestro sustento. Puede quitarnos nuestras casas y posesiones. Puede dividir familias y destruir relaciones. Puede costar nuestra libertad y riqueza. En algunos casos nos cuesta la vida. No hay garantía de que estemos a salvo de nada de eso en esta vida.

Pero el Señor promete que sus vencedores, los creyentes (véase 1 Jn. 5:4-5), no enfrentaremos la muerte segunda. Quizás tengamos que soportar muerte física, pero no hay amenaza de muerte espiritual para aquellos que conocemos y amamos al Señor. Apocalipsis 20:12-14 describe la muerte espiritual de la que hemos sido liberados:

> Vi a los muertos, grandes y pequeños, de pie ante Dios; y los libros fueron abiertos, y otro libro fue abierto, el cual es el libro de la vida; y fueron juzgados los muertos por las cosas que estaban escritas en los libros, según sus obras. Y el mar entregó los muertos que había en él; y la muerte y el Hades entregaron los muertos que había en ellos; y fueron juzgados cada uno según sus obras. Y la muerte y el Hades fueron lanzados al lago de fuego. Esta es la muerte segunda.

Si amamos de veras al Señor, si nuestra fe se confirma mediante una vida de perseverancia fiel, nunca experimentaremos eso. Si somos creyentes verdaderos con una fe que vence toda persecución que Satanás pueda lanzarnos, incluso hasta la muerte primera, nunca experimentaremos la muerte segunda. En su lugar, Cristo nos asegura: "He aquí yo vengo pronto, y mi galardón conmigo, para recompensar a cada uno según sea su obra. Yo soy el Alfa y la Omega, el principio y el fin, el primero y el último. Bienaventurados los que lavan sus ropas, para tener derecho al árbol de la vida, y para entrar por las puertas en la ciudad" (Ap. 22:12-14).

Ante el sufrimiento y la oposición debemos recordar los límites del poder perseguidor de Satanás y las recompensas gloriosas y eternas que esperan a los que perseveran.

Vale la pena observar que *smúrna* es la palabra griega usada en la Septuaginta para mirra, una fuerte fragancia usada por los judíos para cubrir el olor de cadáveres. Juan 19:39-40 nos dice que Nicodemo compró casi cien libras de mirra mezclada con áloes para envolver el cuerpo de Cristo antes de sepultarlo. Pero la mirra era preciosa y difícil de conseguir. Se hacía de la resina de árboles pequeños y espinosos. Solo cuando era aplastada por completo producía su agradable fragancia. En ese sentido, a la iglesia en Esmirna se le puso acertadamente el nombre. Dios permitió que Satanás aplastara a estos creyentes bajo constante persecución, y la carta de Cristo para ellos confirma el aroma celestial de la fidelidad que demostraron.

5

La iglesia condescendiente
PÉRGAMO

Cuando Dios liberó de Egipto a los israelitas, no solamente los redimió de la esclavitud bajo el faraón, sino que los recató de las influencias corruptas del paganismo de Egipto. Los egipcios adoraban una colección prácticamente infinita de deidades. Y durante siglos, los israelitas vivieron muy cerca de la locura de la idolatría egipcia e íntimamente familiarizados con todos sus rituales paganos.

Con el tiempo, el concepto de adoración de Israel se nubló y distorsionó. Aunque declaraban su lealtad a Dios obedeciendo sus mandamientos para la primera Pascua (Éx. 12:1-13), tenían la influencia del paganismo politeísta. Aún después de la milagrosa liberación de Egipto a través del Mar Rojo sobre tierra seca, además de todos los demás milagros que el Señor realizó antes de sacarlos de Egipto, las mentes y los corazones de Israel aún estaban ligados a la trampa de la idolatría. Por eso es que cuando Moisés no regresó inmediatamente del monte Sinaí, Aarón y los israelitas se llenaron de pánico y crearon un becerro de oro que les sirviera como su nuevo dios (Éx. 32:1-4). Esa es la asombrosa irracionalidad de la idolatría.

A fin de establecer su ley y modelo para la adoración aceptable, además de romper las cadenas de la influencia del paganismo entre su pueblo, Dios entregó a Israel el libro de Levítico. Este resalta una y otra vez la necesidad de santidad personal y adoración pura. Se enfoca cómo lidiar con el pecado, en cómo hacer sacrificios apropiados, y cómo proteger la pureza del pueblo de Dios. Levítico 18:1-5 es el núcleo del libro. En esos versículos, Dios entrega sus mandamientos fundamentales para rechazar las prácticas de las naciones paganas circundantes:

> Habló Jehová a Moisés, diciendo: Habla a los hijos de Israel, y diles: Yo soy Jehová vuestro Dios. No haréis como hacen en la tierra de Egipto, en la cual morasteis; ni haréis como hacen en la tierra de Canaán, a la cual yo os conduzco, ni andaréis en sus estatutos. Mis ordenanzas pondréis por obra, y mis estatutos guardaréis, andando en ellos. Yo Jehová vuestro Dios. Por tanto, guardaréis mis estatutos y mis ordenanzas, los cuales haciendo el hombre, vivirá en ellos. Yo Jehová.

Este es Dios reclamando lo suyo. Básicamente está diciendo: "Ustedes ya no son idólatras. Ahora son el pueblo del Dios verdadero y vivo. No pueden ir tras el modelo de las naciones paganas. Solamente me adorarán a mí". Los versículos que siguen explican prohibiciones específicas contra la inmoralidad que constituía gran parte de la adoración pagana. Es una lista sorprendente de comportamientos desviados: adulterio, homosexualidad, incesto, bestialismo y sacrificio de niños. Tales perversiones viles eran actividades cotidianas en Egipto, Canaán y todas las demás culturas dominadas por el paganismo.

El Señor reitera entonces su primer mandamiento: "En ninguna de estas cosas os amancillaréis; pues en todas estas cosas se han corrompido las naciones que yo echo de delante de vosotros...

Guardad, pues, mi ordenanza, no haciendo las costumbres abominables que practicaron antes de vosotros, y no os contaminéis en ellas. Yo Jehová vuestro Dios" (vv. 24, 30). La exhortación continúa en el capítulo 19: "Habla a toda la congregación de los hijos de Israel, y diles: Santos seréis, porque santo soy yo Jehová vuestro Dios... No os volveréis a los ídolos, ni haréis para vosotros dioses de fundición. Yo Jehová vuestro Dios" (vv. 1-2, 4).

Este es un llamado a la separación espiritual; a ser totalmente distintos y estar separados de la maldad del sistema del mundo. El Señor exige adoración pura y devoción firme. Dios ordenó a Israel separarse de las influencias corruptoras del mundo.

Y desea esa misma separación para su iglesia.

LA IGLESIA AMIGABLE CON EL PECADOR

El término *mundanalidad* parece arcaico para muchos en la iglesia de hoy. Lo desestiman como una preocupación por un tiempo más agradable y menos iluminado, como cuando los juegos de cartas y el baile se consideraban amenazas importantes para la santidad y pureza de la iglesia. Es más, algunos creyentes están tan enamorados de su libertad en Cristo que ven cualquier debate sobre mundanalidad como una imposición legalista gastada. A pesar de la clara afirmación del cielo de que "la amistad del mundo es enemistad [odio] contra Dios" y de que "cualquiera... que quiera ser amigo del mundo, se constituye enemigo de Dios" (Stg. 4:4), es imposible cumplir la sugerencia de que los cristianos deben separarse de las diversiones y los valores mundanos.

En cambio, la iglesia de hoy trabaja increíblemente duro para parecerse tanto como sea posible a la cultura. Durante décadas ha sido popular para los dirigentes de la iglesia hacer que sus cultos se vean, parezcan y se sientan exactamente como reuniones y eventos seculares. Muchas iglesias hoy son idénticas a las salas de conciertos y los teatros del mundo. Con gran esmero imitan los últimos estilos de moda y las tendencias de la cultura pop, desesperadas por parecer relevantes y geniales.

Tales eventos están edificados en una filosofía de pragmatismo: Si produce el efecto deseado, lo harán. El resultado es una iglesia amigable con el pecador, no amiga de Dios, y sin duda no aterradora para los pecadores. Resulta ser un espectáculo hecho a imagen del mundo pagano, donde metodologías y estrategias populares dominan por encima de la Biblia, la doctrina y el poder espiritual. Y a medida que el mundo se vuelve cada vez más hostil hacia el evangelio, la iglesia amigable con el pecado debe hacer más y más concesiones para mantener su atractivo. Negándose a ofender a alguien, resaltan emoción física, no adoración espiritual; afirmación, no convicción; sentimentalismo, no teología; entretenimiento, no edificación; y frivolidad, no solemnidad.

Peor aún, están muertas de miedo al rechazo y la persecución, por lo que siempre se encuentran alineadas con las expectativas del mundo y normas sociales cambiantes. Muchas iglesias de hoy cierran los ojos ante la inmoralidad sexual; otras no hablan del pecado *en absoluto*. Ignoran por completo el tema, enfocándose de vez en cuando en asuntos problemáticos de la vida, pero sin declarar el poder, la presencia y el daño destructivo del pecado, ni nombrándolo como ofensa a la santidad de Dios que requiere juicio. Esta es una cultura de iglesia terapéutica diseñada para hacer que los pecadores se sientan cómodos, bienvenidos y validados a cualquier precio.

Pero la mundanalidad no hace parecer atractivo al evangelio, sino impotente. Estas iglesias deben darse cuenta del grave perjuicio que están haciendo a la causa de Cristo y al avance del evangelio. Una iglesia que es tal como el mundo, no tiene nada que ofrecer al mundo, es simplemente un entretenimiento disponible más. Y ¿cómo podrían creer que tal mundanalidad puede ofrecerse a Dios como adoración?

Las Escrituras nos dicen que este no es un fenómeno nuevo. Nuestro Señor advirtió:

> Si el mundo os aborrece, sabed que a mí me ha aborrecido antes que a vosotros. Si fuerais del mundo, el mundo amaría lo suyo; pero porque no sois del mundo, antes yo os elegí del mundo, por eso el mundo os aborrece. Acordaos de la palabra que yo os he dicho: El siervo no es mayor que su señor. Si a mí me han perseguido, también a vosotros os perseguirán; si han guardado mi palabra, también guardarán la vuestra (Jn. 15:18-20).

Donde la palabra del evangelio se predica fielmente, el odio del mundo aparece pronto.

Desde los primeros días de la iglesia, los creyentes se han sometido a la presión de acomodarse al mundo. La carta de Cristo a la iglesia en Pérgamo en Apocalipsis establece los graves peligros de tales concesiones.

UNA IGLESIA EN EL PUNTO DE MIRA

Pérgamo era la capital de Asia Menor, situada a unos ciento sesenta kilómetros al norte de Éfeso. No era una ciudad portuaria. Tampoco estaba asentada en ninguna de las principales rutas comerciales. En lugar de eso, era un centro de cultura, educación y religión. Su característica más notable era su impresionante biblioteca. Con doscientos mil ejemplares, todos escritos a mano, era segunda después de la de Alejandría. La tradición dice que el uso de pergamino de cuero de animal se desarrolló en Pérgamo para satisfacer la demanda de material para escribir. La gran colección fue finalmente enviada como obsequio de Marco Antonio a Cleopatra.

Pérgamo estaba situada en una gran colina a más de trescientos metros de altura sobre la planicie que la rodeaba. Sir William Ramsey, un arqueólogo del siglo XIX, describió la posición dominante de la ciudad: "Más que todos los demás sitios en Asia

Menor, le da al viajero la impresión de una ciudad real, la sede de la autoridad: la colina rocosa sobre la que se levanta es enorme y domina orgullosa y audazmente la amplia planicie del valle del río Caicus".[1] Hoy día se pueden visitar las ruinas de Pérgamo cerca de la ciudad turca de Bergama.

La Biblia no nos dice cuándo se fundó la iglesia en Pérgamo. Pudo haber sido durante el segundo viaje misionero de Pablo, cuando pasó por la cercana región de Misia (Hch. 16:7-8). Más probable es que fuera fundada durante su ministerio en Éfeso, mientras el evangelio se extendía rápidamente de esa iglesia a través de Asia Menor (Hch. 19:10).

En la época del apóstol Juan, Pérgamo se veía como defensora de la cultura griega en Asia Menor. Había templos dedicados a Zeus, Atenea, Asclepios y Dionisio. Sin embargo, la ciudad estaba dominada por la adoración al emperador. En honor al Emperador Augusto, Pérgamo construyó el primer templo dedicado al culto a Roma en el año 29 d.C. Dos más seguirían, a Trajano y a Septimio Severo. Pérgamo mantenía una ferviente devoción religiosa a Roma y su emperador. En ciudades vecinas, los cristianos enfrentaban peligro y persecución cada año si no celebraban el sacrificio anual a César. Esa era una amenaza diaria en Pérgamo.

Aunque la iglesia en Pérgamo estaba en gran peligro por parte del mundo, peligraba aún más por parte del Señor. A diferencia de las cartas a Éfeso y Esmirna, la carta de Cristo a Pérgamo empieza con una amenaza. El Señor se identifica como "el que tiene la espada aguda de dos filos" (Ap. 2:12). Este no es un saludo consolador, sino una advertencia inmediata destinada a evocar el mismo terror que inspiró en el apóstol Juan su visión inicial (1:17). Cristo viene en juicio, con su palabra como un poderoso sable, una espada que no tiene bordes romos (véase He. 4:12). Más adelante en Apocalipsis, Juan nos cuenta que así es como el mundo no arrepentido verá a

---

1. William M. Ramsey, *The Letters to the Seven Churches of Asia* (Londres: Hodder & Stoughton, 1906), p. 281.

Cristo cuando venga en su juicio final: "De su boca sale una espada aguda, para herir con ella a las naciones, y él las regirá con vara de hierro; y él pisa el lagar del vino del furor y de la ira del Dios Todopoderoso" (19:15). Se trata del mismo Señor que escribe a la iglesia en Pérgamo.

No obstante, Cristo incluye palabras de elogio. Aunque la iglesia en Pérgamo era culpable de hacer concesiones con el mundo, no carecía de creyentes fieles. El Señor expresa: "Yo conozco tus obras, y dónde moras, donde está el trono de Satanás; pero retienes mi nombre, y no has negado mi fe, ni aun en los días en que Antipas mi testigo fiel fue muerto entre vosotros, donde mora Satanás" (2:13).

Historiadores y comentaristas ofrecen algunas sugerencias con relación a aquello a lo que el Señor se refirió como "trono de Satanás". Pérgamo era el hogar de un enorme altar a Zeus, el dios de la guerra. La inmensa estructura dominaba la acrópolis de la ciudad. Al describir esa descomunal envergadura, Edwin Yamauchi escribe: "La palabra *altar* es de algún modo engañosa. La estructura es un palacio monumental rodeado de columnas en forma de herradura, de cuarenta metros por treinta y cinco. El podio del altar medía casi cinco metros y medio de alto. El gran friso que rodeaba toda la base de la estructura medía ciento treinta y cinco metros de largo, y representaba una gigantomaquia, es decir una batalla de los dioses y los gigantes. Esa fue una las más grandes obras del arte helenístico".[2] Sin duda alguna este enorme monumento a Zeus —aunque en realidad dedicado al diablo— pudo haber servido como trono de Satanás.

Otros creen que "trono de Satanás" es una referencia al santuario de Asclepio, el dios griego de la medicina, que fue descrito como una serpiente. El templo en su honor fue invadido por serpientes no venenosas que supuestamente impartieron su poder sanador. Los peregrinos viajaban desde todas partes de la región para adorar en

---

2. Edwin Yamauchi, *New Testament Cities in Western Asia Minor* (Grand Rapids: Baker, 1980), pp. 35-36.

el templo, lo cual implicaba acostarse o dormir en el suelo entre las serpientes. Puesto que en las visiones de Juan se describe varias veces a Satanás como una serpiente (Ap. 12:9, 14, 15; 20:2), este pudo haber sido un ejemplo antiguo de esa imagen.

También podría tratarse de una referencia al culto dominante al emperador, que era la influencia religiosa más poderosa en la ciudad y representaba la mayor oposición para los creyentes. Negarse simplemente a repetir la frase "César es el Señor" podía llevar a la muerte. Lo exclusivo del evangelio hacía de los cristianos un blanco para los peticionarios más exigentes de Roma. "Trono de Satanás" podría simplemente referirse al verdadero poder detrás del culto al César.

Cualquiera de todas estas características del paganismo de Pérgamo pudo justificar la referencia al trono de Satanás. Y la variedad de ubicaciones potenciales da mayor credibilidad a la afirmación de Cristo de que Pérgamo era la ciudad "donde mora Satanás". En ese sentido, también podría ser una referencia general a la preeminencia de Satanás en toda la ciudad en sus diversas variedades de idolatría pagana. Los habitantes de Pérgamo creían que prestaban atención a una colección diversa de dioses y diosas. Sabemos que solamente adoraban al diablo, tal como escribió el apóstol Pablo: "Lo que los gentiles sacrifican, a los demonios lo sacrifican, y no a Dios" (1 Co. 10:20).

A pesar de la religión satánica que dominaba la ciudad, el Señor observa de los creyentes en Pérgamo: "Pero retienes mi nombre, y no has negado mi fe, ni aun en los días en que Antipas mi testigo fiel fue muerto entre vosotros". Se aferraban al Salvador. Al igual que Juan, quien fue exiliado "por causa de la palabra de Dios y el testimonio de Jesucristo" (Ap. 1:9), la iglesia nunca flaqueó en su compromiso con Cristo. Rehusaron negar la fe.

Pero ese compromiso firme con el evangelio era costoso en el antiguo mundo pagano. Es posible que "los días en que Antipas" se refiera a un período de feroz persecución para la iglesia. Las

Escrituras no nos informan nada acerca de Antipas, pero su nombre era conocido al instante por los creyentes en Pérgamo. La palabra traducida "testigo" (*martus*) se convirtió en sinónimo de creyentes cuyo testimonio por Cristo les costó la vida, dándonos la palabra transliterada *mártir* en español. La tradición sostiene que Antipas fue un líder en la iglesia que murió asado dentro de un toro de tortura durante la campaña de persecución de Domiciano. Independientemente de cómo asesinaran a Antipas, Cristo destaca y elogia la fidelidad ejemplar de este hombre hasta la muerte.

Vale la pena señalar el pronombre posesivo que el Señor emplea a lo largo de Apocalipsis 2:13: "Retienes *mi* nombre, y no has negado *mi* fe, ni aun en los días en que Antipas *mi* testigo fiel". Cristo tiene un derecho sobre esta iglesia: le pertenece. Y eso resalta aún más cuan tremendo fue su pecado de hacer concesiones.

AMISTAD CON EL MUNDO

Después de ese breve mensaje de elogio, la carta regresa al juicio: "Pero tengo unas pocas cosas contra ti: que tienes ahí a los que retienen la doctrina de Balaam, que enseñaba a Balac a poner tropiezo ante los hijos de Israel, a comer de cosas sacrificadas a los ídolos, y a cometer fornicación. Y también tienes a los que retienen la doctrina de los nicolaítas, la que yo aborrezco" (Ap. 2:14-15).

A pesar de la fidelidad de la iglesia al evangelio, algunos de sus miembros participaban en idolatría. Recordemos que en el mundo antiguo no había diferencia entre lo sagrado y lo secular. La religión no era parte aislada de la vida, sino que establecía el curso para la cultura. Prácticamente todos los aspectos de la sociedad se entrelazaban con rituales, fiestas y celebraciones en el templo. Así como el Israel posterior al Éxodo cayó en idolatría, algunos en la iglesia de Pérgamo volvieron a los hábitos del paganismo. Y estaban estimulando a otros en la iglesia a hacer lo mismo.

¿Cómo sabemos esto? El Señor señala a aquellos "que retienen la doctrina de Balaam, que enseñaba a Balac a poner tropiezo ante los hijos de Israel" (v. 14). Esta es una referencia a Números 22–25 y al conflicto de Israel con Moab. Balac era el rey de Moab, quien había oído hablar de la milagrosa liberación israelita de Egipto. La Biblia nos dice que él vio "todo lo que Israel había hecho al amorreo... y se angustió Moab a causa de los hijos de Israel" (Nm. 22:2-3). Balac estaba al corriente del Dios de los israelitas, y le aterraba lo que potencialmente podían hacerle y hacer a su nación sus nuevos vecinos.

Por tanto, Balac envió a buscar a Balaam, un conocido profeta a sueldo y supuesto hechicero, para que maldijera a Israel a nombre de él. Balaam hizo tres intentos de maldecir a Israel, pero el Señor se lo impidió cada vez, y en cambio usó su boca para bendecir a Israel. Así que Balaam desarrolló otra estrategia: si no podía maldecir a Israel, lo *corrompería*. Números 25:1-2 declara: "Moraba Israel en Sitim; y el pueblo empezó a fornicar con las hijas de Moab, las cuales invitaban al pueblo a los sacrificios de sus dioses; y el pueblo comió, y se inclinó a sus dioses" (véase también 31:16). Balaam persuadió a las mujeres de Moab a fornicar con los hombres de Israel, arrastrándolos a la cultura idólatra e inmoral de Moab. Los israelitas volvieron a comer cosas sacrificadas a los ídolos y a la perversa inmoralidad sexual de la idolatría. Los convencieron de volver al paganismo del que habían escapado en Egipto, y los sedujeron en una unión blasfema con Satanás. "Así acudió el pueblo a Baal-peor; y el furor de Jehová se encendió contra Israel" (25:3). Esta fue una grave y generalizada traición espiritual. El castigo del Señor incluyó la matanza de veinticuatro mil hombres de Israel (v. 9).

Esa era la "la doctrina de Balaam" que algunos en la iglesia en Pérgamo sostenían; estaban lanzando el mismo tropiezo seductor frente a los creyentes allí. El Señor había librado a estos hombres y mujeres de las viles corrupciones de la idolatría pagana. Ahora otros en la iglesia los invitaban a volver a sus antiguos hábitos inmorales. Sin duda, algunos en la iglesia de Pérgamo caían ante estas sirenas de la cultura de Satanás. En la práctica eso significaba que en la iglesia había quienes asistían a fiestas paganas, participaban en el libertinaje perverso y luego iban a la congregación. En su segunda epístola, Pedro pronuncia una condena mordaz contra los que "andan en concupiscencia e inmundicia" (2 P. 2:10) e intentan atraer a los creyentes a una maldad similar. Pedro escribe más:

> Recibiendo el galardón de su injusticia, ya que tienen por delicia el gozar de deleites cada día. Estos son inmundicias y manchas, quienes aun mientras comen con vosotros, se recrean en sus errores. Tienen los ojos llenos de adulterio, no se sacian de pecar, seducen a las almas inconstantes, tienen el corazón habituado a la codicia, y son hijos de maldición. Han dejado el camino recto, y se han extraviado siguiendo el camino de Balaam hijo de Beor, el cual amó el premio de la maldad (vv. 13-15).

Estos corruptores de los fieles se complacieron en su engaño cuando atrajeron a los creyentes a la esclavitud del pecado.

Esa no era la única influencia corruptora en la iglesia de Pérgamo. El Señor además señala: "También tienes a los que retienen la doctrina de los nicolaítas" (Ap. 2:15). Como ya se mencionó, no sabemos específicamente qué enseñaban los nicolaítas. Algunos de los padres de la iglesia primitiva indicaron que los nicolaítas llevaban vidas de indulgencia descontrolada, probablemente vinculados a la inmoralidad del paganismo. Eso los convertiría en compañeros adecuados de los de Balaam, y una amenaza importante para la pureza de los creyentes en Pérgamo. Cualesquiera que fueran sus herejías específicas, sabemos que el Señor odiaba esas obras (2:6), y la presencia e influencia que tenían en la iglesia de Pérgamo.

Y esa es realmente la peor parte de todo: que a esos viles herejes y engañadores les permitían permanecer en la iglesia sin enfrentarlos ni callarlos. Cristo escribe que los creyentes en Pérgamo los acogían allí (v. 14-15). A la vez que la iglesia se aferraba al nombre de Cristo y no negaba la fe, hacía una labor pésima de proteger el rebaño de Dios. Se sentaban a observar mientras los lobos se llevaban las ovejas.

Dicho de otra manera, la iglesia en Pérgamo estaba viviendo el absurdo pecaminoso de la advertencia de Pablo a los corintios:

> No os unáis en yugo desigual con los incrédulos; porque ¿qué compañerismo tiene la justicia con la injusticia? ¿Y qué comunión la luz con las tinieblas? ¿Y qué concordia Cristo con Belial? ¿O qué parte el creyente con el incrédulo? ¿Y qué acuerdo hay entre el templo de Dios y los ídolos? Porque vosotros sois el templo del Dios viviente, como Dios dijo: Habitaré y andaré entre ellos, y seré su Dios, y ellos serán mi pueblo. Por lo cual, salid de en medio de ellos, y apartaos, dice el Señor, y no toquéis lo inmundo; y yo os recibiré (2 Co. 6:14-17).

Pérgamo no había logrado separarse por completo del mundo incrédulo; se habían dedicado a hacer concesiones. Según vimos, mantenían fielmente la línea doctrinal, pero no en lo que tenía que ver con la santidad. Deberían haber escuchado la exhortación del apóstol Santiago, escrita para sacudir de su apático sueño a los descuidados miembros de la iglesia como los descritos aquí: "¡Oh almas adúlteras! ¿No sabéis que la amistad del mundo es enemistad contra Dios? Cualquiera, pues, que quiera ser amigo del mundo, se constituye enemigo de Dios" (Stg. 4:4). La amistad de Pérgamo con el mundo estaba costándole cara a la iglesia, ya que creyentes preciosos regresaban a los hábitos de sus antiguas vidas.

Esta es una característica seria y cada vez más común de muchas iglesias de hoy día. No suficientes creyentes viven como "extranjeros y peregrinos" en este mundo. En consecuencia, no pueden abstenerse "de los deseos carnales que batallan contra el alma" (1 P. 2:11).

Debemos recordar que la iglesia está llamada a romper todas las ataduras que este mundo y sus valores aún tienen en nuestros corazones. Debemos luchar a diario por arrancar los hábitos de nuestras antiguas vidas, entrenarnos para odiar nuestros pecados que una vez apreciamos. Precisamente Juan ya había dado a la iglesia esa amonestación en su primera epístola:

> No améis al mundo, ni las cosas que están en el mundo. Si alguno ama al mundo, el amor del Padre no está en él. Porque todo lo que hay en el mundo, los deseos de la carne, los deseos de los ojos, y la vanagloria de la vida, no proviene del Padre, sino del mundo. Y el mundo pasa, y sus deseos; pero el que hace la voluntad de Dios permanece para siempre (1 Jn. 2:15-17).

Demasiadas iglesias de hoy no dan indicios de que el mundo pasa. La cultura las consume, hacen caso omiso de las influencias corruptoras a las que habitualmente invitan a entrar en medio de ellas, o son indiferentes a la amenaza que dichas influencias representan. Innumerables iglesias —incluidas muchas de las megaiglesias evangélicas más influyentes— están cautivadas con mensajes temáticos que no se basan en las Escrituras sino en varios símbolos del entretenimiento mundano: películas populares, series de televisión, éxitos musicales, o incluso las celebridades que han popularizado esas cosas. Hay incluso una entrada en Wikipedia que explica el término *U2charist*: "Un culto de comunión, o Eucaristía, acompañado por canciones de U2 en lugar de himnos tradicionales".[3] Una iglesia popular, considerada por la mayoría como la tercera iglesia evangélica más grande en los Estados Unidos, con más de treinta mil miembros, dedica un mes cada verano a una serie llamada "At the Movies" ("En el cine"). La música, el mensaje y la decoración del recinto se coordinan cuidadosamente para presentar temas y

3. "U2charist", *Wikipedia*, https://en.wikipedia.org/wiki/U2charist.

mensajes extraídos de cualquier superproducción de Hollywood que hayan elegido destacar.[4] Hace unos años, una famosa megaiglesia distinta, pero igualmente influyente, abrió su culto de Pascua con una interpretación del himno de rock de AC/DC "Highway to Hell" ("Autopista al infierno").[5] Ejemplos similares a esos abundan en YouTube y otros foros en la Internet donde líderes eclesiales analizan la metodología de crecimiento de la iglesia.

El medio se ha convertido realmente en el mensaje. Vivimos en una época exactamente igual a la que predijo el apóstol Pablo, cuando miembros de la iglesia "no sufrirán la sana doctrina, sino que teniendo comezón de oír, se amontonarán maestros conforme a sus propias concupiscencias, y apartarán de la verdad el oído y se volverán a las fábulas" (2 Ti. 4:3-4).

Al igual que Pérgamo, la fácil familiaridad de la iglesia de hoy con el mundo la ha dejado abierta a transigencias que corrompen. Y al igual que Pérgamo, esto pone a la iglesia en la senda del juicio del Señor mismo.

ENEMISTAD CON DIOS

El Señor explica en términos claros el remedio para el compromiso espiritual de Pérgamo: "Por tanto, arrepiéntete; pues si no, vendré a ti pronto, y pelearé contra ellos con la espada de mi boca" (Ap. 2:16). En esencia está diciendo: "Dejen de transigir con el mundo. Dejen de tolerar el yugo desigual. Limpien la iglesia de estas influencias impías e inmorales, o yo lo haré por ustedes". Este mandato se aplica a toda la iglesia, tanto los corruptores herejes como todos aquellos que toleran tales deviaciones. Todos son culpables de transigir.

---

4. Life.Church, "At the Movies", *Life.Church*, https://www.life.church/watch/at-the-movies/.

5. Katherine Weber, "Perry Noble No Regret Over Playing AC/DC 'Highway to Hell' for Easter Service: 'I'd Do It Again - But Better!'", *The Christian Post*, 25 de marzo, 2016, https://www.christianpost.com/news/perry-noble-megachurch-ac-dc-highway-to-hell-easter-160107/.

La iglesia no debe acomodar los pecados de creyentes profesantes que insisten en vivir lo más cerca posible de la cultura corrupta. "Un poco de levadura leuda toda la masa" (1 Co. 5:6). Debemos confrontar tal mundanalidad (término principalmente ausente del vocabulario de la iglesia moderna).

Y debemos estar dispuestos a arriesgarnos a ofender a los no creyentes por el bien de la pureza de la iglesia. Por supuesto, queremos alcanzar a los perdidos y recibir con gusto a los incrédulos para que escuchen el evangelio. Esperamos con fervor que "Dios les conceda que se arrepientan para conocer la verdad" (2 Ti. 2:25). Pero también sabemos que eso ocurrirá únicamente cuando "despierten y escapen de la trampa en que el diablo los tiene cautivos, sumisos a su voluntad" (v. 26, NVI), no cuando han sido atraídos a una falsa sensación de aceptación por parte de una iglesia que hace concesiones. Por el bien de sus almas, debemos estar dispuestos a confrontarlos con la verdad en cuanto al pecado, sus consecuencias eternas, y la necesidad que tienen de un Salvador.

Pérgamo también debería ser una advertencia para cada iglesia y cada cristiano que cree que la sana doctrina es suficiente por sí sola, que Dios está interesado solo en lo que afirmamos, no en cómo actuamos. Tal actitud ha crecido en popularidad en años recientes. Pérgamo es un recordatorio de que *saber* la verdad y *vivirla* son aspectos igualmente importantes a los ojos del Señor. "Sed hacedores de la palabra, y no tan solamente oidores, engañándoos a vosotros mismos" (Stg. 1:22).

Por último, debemos recordar las palabras de Levítico 18: "Yo soy Jehová vuestro Dios. No haréis como hacen en la tierra... ni andaréis en sus estatutos. Mis ordenanzas pondréis por obra, y mis estatutos guardaréis, andando en ellos. Yo Jehová vuestro Dios. Por tanto, guardaréis mis estatutos y mis ordenanzas, los cuales haciendo el hombre, vivirá en ellos. Yo Jehová" (vv. 2-5). El diseño de Dios para su pueblo redimido es separación total de todo lo que caracteriza al mundo. No hacemos lo que ellos hacen. No pensamos en la manera que piensan. No hablamos del modo en que hablan. No participamos de los valores del mundo. Y sin duda no debemos tomar prestados los sistemas mundanos de creencias. "Nuestra ciudadanía está en los cielos" (Fil. 3:20). Este mundo es por definición un ambiente extraño para aquellos cuyo hogar eterno es el cielo.

ALIENTO EN LA DESPEDIDA

Una vez más, el Señor concluye su carta con una nota a la audiencia más amplia. Aunque cada una de estas cartas está dirigida específicamente a una congregación local de finales del primer siglo, el mensaje de nuestro Señor tiene implicaciones que van mucho más allá de esas siete iglesias locales. Las siete cartas de Cristo hablan a la iglesia en general a lo largo de toda su historia. Se suponía que aprendiéramos de estos ejemplos, tanto buenos como malos. Pero también se supone que salgamos animados, con nuestros ojos fijos en los privilegios eternos de conocer y amar a Cristo. Con ese fin, el Señor escribe: "El que tiene oído, oiga lo que el Espíritu dice a las iglesias. Al que venciere, daré a comer del maná escondido, y le daré una piedrecita blanca, y en la piedrecita escrito un nombre nuevo, el cual ninguno conoce sino aquel que lo recibe" (Ap. 2:17).

Dios promete tres cosas a estos fieles creyentes (véase 1 Jn. 5:4-5). La primera es el "maná escondido". Maná fue el pan que Dios suministró a Israel como alimento durante el tiempo que vagaron por el desierto. Y al igual que muchos elementos del pacto de Israel con Dios, el maná representaba (y señalaba) algo más grande, algo eterno y celestial. Específicamente, el maná fue uno de los grandes símbolos de Cristo en el Antiguo Testamento (Jn. 6:48-51). Él es el Pan de Vida que proporciona sustento espiritual a su pueblo. Por tanto, cuando Él promete a los creyentes fieles que les dará "a comer del maná escondido", esta es una promesa de los beneficios espirituales de conocerlo y amarlo (Ef. 1:3).

Cristo también promete a sus vencedores "una piedrecita blanca".

En el mundo antiguo, los atletas victoriosos recibían un trofeo en forma de piedra con sus nombres inscritos. Esto no solo significaba su victoria, sino que servía como su admisión al gran banquete de vencedores. En términos de eternidad, este es un recordatorio de que el siervo fiel de Dios será bienvenido en la abundante provisión y bendiciones en el cielo.

Finalmente, Cristo promete "un nombre nuevo, el cual ninguno conoce sino aquel que lo recibe". Siempre que he predicado sobre este pasaje, alguien invariablemente pregunta cuál creo que es el nombre secreto. El punto es que "*ninguno* conoce". Es sin duda un nombre de afecto personal y honor, un nombre que señala a los vencedores triunfantes de Dios y refleja su amor por sus hijos adoptados.

6

La iglesia corrupta
TIATIRA

Una de las menciones más antiguas de "la iglesia" en el Nuevo Testamento viene de los labios de Cristo en Mateo 18. Allí su primer mensaje a la iglesia es para tratar con el pecado en la asamblea. Al igual que sus palabras de despedida a las iglesias en Apocalipsis 2—3, las instrucciones de Cristo a su iglesia se relacionan totalmente con la santidad y salud espiritual de la misma. Él no emitió un manifiesto que instruye a su pueblo a participar o redimir la cultura secular. No presentó una estrategia para evaluar y abordar las necesidades sentidas de la comunidad, para acabar con la inequidad cultural, o para reducir el índice de pobreza. Cristo no trazó un plan para maximizar la influencia política o moral de la iglesia. No resaltó la necesidad de tolerancia, validación, espacios espirituales seguros, o cualquiera de los otros temas de conversación evangélica actualmente de moda. En cambio, su preocupación fue la *pureza de* su iglesia. Él quería que su pueblo supiera cómo confrontar y tratar con el pecado.

> Si tu hermano peca contra ti, ve y repréndele estando tú y él solos; si te oyere, has ganado a tu hermano.

> Mas si no te oyere, toma aún contigo a uno o dos, para que en boca de dos o tres testigos conste toda palabra. Si no los oyere a ellos, dilo a la iglesia; y si no oyere a la iglesia, tenle por gentil y publicano (Mt. 18:15-17).

Este mandato inequívoco de confrontar el pecado en la iglesia es una idea totalmente contraria para la actual iglesia moderna y fría. Muchos piensan: *¿Quién soy yo para decirle a alguien más cómo debe vivir? ¿Por qué querríamos exponer el pecado de la gente u obligar a alguien a salir de la iglesia? ¿No deberíamos simplemente amarlos y dejar que el Espíritu haga su trabajo?* Increíblemente, en el nombre de la tolerancia, la unidad y el amor, muchas iglesias de hoy día se desentienden *orgullosamente* del pecado en su entorno, demostrando tan solo que no tienen verdadera comprensión de lo que la Biblia quiere decir cuando habla de unidad y amor. En forma increíble, pasar por alto el pecado y practicar tolerancia se ha convertido en una estrategia esencial para el crecimiento de la iglesia, que desafía directamente los mandamientos del Señor.

El apóstol Pablo reprendió severamente a los corintios en 1 Corintios 5 por esa misma actitud. Un hombre se complacía en medio de ellos en un pecado incestuoso tan atroz, que hasta los gentiles en la comunidad estaban conmocionados. "Alguno tiene la mujer de su padre" (v. 1). En lugar de excomulgar al hombre, se jactaban de la tolerancia que mostraban, como si fuera una insignia de honor permitir que tal persona represente el compañerismo en la comunidad. Pablo les advirtió: "Y vosotros estáis envanecidos. ¿No debierais más bien haberos lamentado, para que fuese quitado de en medio de vosotros el que cometió tal acción?... No es buena vuestra jactancia. ¿No sabéis que un poco de levadura leuda toda la masa?" (vv. 2, 6). No solo estaba arruinado el testimonio de toda la iglesia por el pecado flagrante de este individuo; el pecado en sí aumenta en la iglesia como levadura. Cuando se tolera tal maldad, se extiende por toda la comunidad y la envenena. Los efectos de ese principio ya eran claramente obvios en la asamblea corintia.

Las instrucciones del apóstol fueron directas y urgentes, ordenándoles: "No os juntéis con ninguno que, llamándose hermano, fuere fornicario, o avaro, o idólatra, o maldiciente, o borracho, o ladrón; con el tal ni aun comáis… Quitad, pues, a ese perverso de entre vosotros" (vv. 11, 13).

Aunque el pecado se extiende como levadura, no ocurre lo mismo con la pureza y la santidad, sino que deben cultivarse y protegerse con diligencia. Muchos en la iglesia hoy parecen tener la extraña noción de que una cantidad "aceptable" de pecado en la iglesia es una estrategia evangelística. Pretenden que la visión que el Señor tiene de la justicia y la corrupción sea tan casual como la de ellos. Los creyentes deben defender la pureza de la iglesia por sobre las demás inquietudes, independientemente de que hacerlo pueda ofender a los pecadores.

En Efesios 5:25-27, Pablo describe el amor del Señor por su iglesia y su permanente preocupación por la pureza en esta. Afirma que "Cristo amó a la iglesia, y se entregó a sí mismo por ella, para santificarla, habiéndola purificado en el lavamiento del agua por la palabra, a fin de presentársela a sí mismo, una iglesia gloriosa, que no tuviese mancha ni arruga ni cosa semejante, sino que fuese santa y sin mancha". Nuestras prioridades para la iglesia deben reflejar las del Señor. Debemos valorar la pureza de la iglesia como Él lo hace.

Consideremos las maneras en que el pecado que se pasa por alto inhibe la obra del pueblo de Dios. Él ha llamado a la iglesia a ser representante del cielo en la tierra. La iglesia es el lugar donde Dios debe ser honrado y glorificado, donde se exalta la justicia y se busca santidad. Es más, el pueblo de Dios está llamado a reflejar santidad divina como testimonio al mundo no arrepentido (Mt. 5:16). No podemos hacer eso si toleramos el pecado en medio de nosotros.

A pesar de las claras instrucciones bíblicas, muchas iglesias que exponen una sana doctrina no declaran y protegen la santidad. La carta de Cristo a la iglesia en Tiatira ilustra las consecuencias fatales de no proteger la pureza de la iglesia de Dios.

EDIFICADA PARA DESTRUCCIÓN

Tiatira, la más pequeña de las ciudades mencionadas en Apocalipsis 2—3, estaba ubicada aproximadamente a sesenta y cinco kilómetros al sureste de Pérgamo, a lo largo del camino principal que iba al norte y al sur. Aunque se encontraba en un valle plano que carecía de fortificaciones naturales, originalmente se fundó como una guarnición militar sobre la carretera principal a Pérgamo. El plan era que los atacantes que se dirigieran a Pérgamo fueran retrasados por los soldados en Tiatira, lo que les permitiría ganar tiempo precioso para que Pérgamo preparara su propia defensa. Como capital de la región, Pérgamo seguramente sería el destino de las fuerzas invasoras; Tiatira era, pues, como un obstáculo en el camino. Por tanto, Tiatira fue a menudo destruida y reconstruida a lo largo de su historia. En los pocos casos en que se hace referencia a la ciudad en la literatura antigua, por lo general es para transmitir los detalles de su conquista.

La situación cambió para Tiatira después de quedar bajo el control romano. La relativa paz traída por el Imperio Romano libró a la ciudad de constantes ataques y destrucciones. Y su ubicación a lo largo de una importante ruta comercial que conectaba a Pérgamo con Laodicea y Esmirna, convirtió a Tiatira en una población en auge para la industria y el comercio. La ciudad se especializó en telas teñidas, en particular un tinte púrpura desarrollado a partir de una combinación de mariscos y raíces, pero era el hogar de toda clase de artesanías antiguas. La historia sugiere que la población aún crecía en prominencia cuando Juan tuvo su visión de Cristo en Patmos. Hoy día es la ciudad turca de Akhisar.

A diferencia de las demás ciudades de Asia Menor, Tiatira nunca se convirtió en un centro religioso. No tenía acrópolis. La deidad principal de la ciudad era Apolo, el dios griego del sol, aunque la religión no era característica importante de la vida pública. Más bien, Tiatira estaba dominada por gremios comerciales, similares a los sindicatos modernos. Había gremios para teñidores, curtidores, broncistas, panaderos y cualquier otro oficio que funcionaba en la ciudad. Encontrar un trabajo o tener un negocio era prácticamente imposible sin formar parte de un gremio comercial. Y cada gremio se sometía a una deidad patrona y celebraba las fiestas y los rituales asociados. Por supuesto, estos acontecimientos incluían alimentos sacrificados a los ídolos e inmoralidad sexual, creando un dilema significativo para cualquier creyente cristiano que quisiera mantener tanto su pureza como su sustento. Mientras que la ciudad misma era relativamente secular, la desviación del paganismo religioso aún lograba infectar y contaminar la cultura.

Las Escrituras no nos dicen cuándo se fundó la iglesia en Tiatira. Pudo haber sido durante el ministerio de Pablo en Éfeso (Hch. 19:10). También pudo haber surgido de su ministerio anterior en Filipos. En el libro de Hechos, Lucas nos informa: "Una mujer llamada Lidia, vendedora de púrpura, de la ciudad de Tiatira, que adoraba a Dios, estaba oyendo; y el Señor abrió el corazón de ella para que estuviese atenta a lo que Pablo decía" (Hch. 16:14). Lidia y su familia fueron los primeros creyentes en Europa y ayudaron a establecer la iglesia en Filipos. Es posible que ella o algunos de sus parientes regresaran a Tiatira y ayudaran a establecer un punto de misión evangelizador allí.

Sin importar cómo comenzara la iglesia en Tiatira, de la carta de Cristo se desprende que no habían permanecido fieles a la verdad, o a sus instrucciones para mantener pura la iglesia. Es más, la congregación estaba invitando la ira y el juicio de Dios por medio de su conducta corrupta.

EL MENSAJE DEL JUEZ

La carta del Señor a Tiatira señala un cambio en el lenguaje y tono de su correspondencia. En el primer grupo —las cartas a Éfeso,

Esmirna y Pérgamo—, las iglesias se habían mantenido fieles a la fe y no habían cedido a los ataques del pecado. Éfeso se caracterizaba por la lealtad a Cristo y la sana enseñanza, pero le faltaba amor. La lealtad de Esmirna al Señor había sido probada por fuego y había perseverado fiel. Incluso en la iglesia de Pérgamo que hacía concesiones, el Señor elogia a algunos de ellos por aferrarse a su nombre.

No sucede así en la iglesia en Tiatira, o en las que siguen en Sardis y Laodicea. En estas ciudades, las situaciones eran mucho peores. Ya no era una pequeña minoría de creyentes que pecaba. Estas iglesias estaban dominadas por las influencias satánicas de falsa enseñanza e inmoralidad, y las cartas dirigidas a ellas indican la ira del Señor sobre la impureza que las caracterizaba.

La ira divina se refleja desde el inicio de la carta a Tiatira, cuando el Señor se identifica como "El Hijo de Dios, el que tiene ojos como llama de fuego, y pies semejantes al bronce bruñido" (Ap. 2:18). En cada carta, Cristo toma imágenes de la visión inicial de Juan que se relacionan con la naturaleza de su mensaje a la iglesia. A Éfeso le enfatizó la autoridad y preocupación que el Señor tiene por la iglesia (2:1). A Esmirna le recordó su naturaleza eterna, el sacrificio hecho a favor de ellos, y las glorias que les esperaban en el cielo (v. 8). Y al expresar un firme reproche a Pérgamo, le identificó el poder de su Palabra y las consecuencias que vendrían si no se arrepentían (v. 12).

La descripción que el Señor hace de sí mismo a Tiatira anuncia también su mensaje a la iglesia. Aquí Él se caracteriza por sus "ojos como llama de fuego", lo cual significa su omnisciencia perfecta. No estaba pasando nada en la iglesia de Tiatira que Él no lo supiera, ningún pecado secreto que se le hubiera escapado a su atención (véase Mt. 10:26). Era un recordatorio de que "no hay cosa creada que no sea manifiesta en su presencia", sino que "todas las cosas están desnudas y abiertas a los ojos de aquel a quien tenemos que dar cuenta" (He. 4:13). Nada puede ocultarse de los ojos del Señor.

Junto con su mirada penetrante similar al láser, Cristo describe sus "pies semejantes al bronce bruñido", una descripción de su autoridad y juicio sobre su iglesia. Esa imagen volverá a aparecer más tarde en Apocalipsis, cuando Juan describe la ira del Señor derramada contra el mundo que no se arrepiente. Él escribe que Cristo "pisa el lagar del vino del furor y de la ira del Dios Todopoderoso" (Ap. 19:15). Aquí los pies del Señor brillan como "bronce bruñido" mientras pisotea la impureza que supura dentro de su iglesia.

Hay una diferencia importante en la escritura de la visión original de Juan, quien afirma haber visto a "uno semejante al Hijo del Hombre" (1:13), enfatizando no solamente la humanidad de Cristo, sino también su compasión y preocupación por su pueblo. Esto refleja su obra intercesora a favor de nosotros y su entendimiento de nuestras debilidades, fracasos y luchas. En Apocalipsis 2:18, Cristo en cambio se refiere a sí mismo como "el Hijo de Dios". Esta es una afirmación de su deidad, y con ella, su transcendencia, santidad y juicio. El Salvador se ha convertido en el Juez; el Intercesor se convierte en verdugo. La ira divina está a punto de ser desatada contra esta congregación idólatra e inmoral. Esto no es consolador o comprensivo, sino amenazador y aterrador. Esta es una carta que ninguna iglesia desea recibir.

Sin embargo, al igual que todas las iglesias, Tiatira acoge una mezcla de creyentes y falsos creyentes. Al igual que Pérgamo, los creyentes eran culpables de tolerar a los falsos creyentes y su influencia corruptora en medio de ellos. Pero, a diferencia de Pérgamo, los falsos creyentes y los idólatras *dominaban* la iglesia en Tiatira. Los verdaderos cristianos eran una escasa minoría.

El Señor escribe a esos pocos fieles: "Yo conozco tus obras, y amor, y fe, y servicio, y tu paciencia, y que tus obras postreras son más que las primeras" (2:19). Así como los ojos penetrantes del Señor vieron todo el pecado en la iglesia, asegura a los creyentes en Tiatira que también ve la fidelidad de ellos. Específicamente les reconoce su "amor, fe, servicio y paciencia". No menciona la solidez de su doctrina... no sabemos cuán sabios o teológicamente sagaces eran estos creyentes. Es posible que aún fueran cristianos jóvenes, aún no maduros en su fe. Pero eran más fuertes en el aspecto que Éfeso era débil: amaban a Dios y se servían mutuamente debido a ese amor. Cristo también les elogia la fe y paciencia, y observa que estas características piadosas "son más que las primeras".

La iglesia en Tiatira era una cloaca inmoral, pero estos pocos y queridos creyentes se mantenían fieles. En una situación parecida, no hay mayor consuelo que saber que Dios ve nuestros hechos y los aprueba.

LOS ESTRAGOS DE JEZABEL

Con ese breve elogio a trasmano, el Señor lanza una reprimenda mordaz a la iglesia en Tiatira: "Pero tengo unas pocas cosas contra ti: que toleras que esa mujer Jezabel, que se dice profetisa, enseñe y seduzca a mis siervos a fornicar y a comer cosas sacrificadas a los ídolos" (Ap. 2:20).

A pesar del énfasis indebido que el mundo ha puesto en la palabra en años recientes, en ninguna parte de la Biblia se pide a la iglesia que sea "tolerante". Es más, se puede argumentar que Dios tiene la intención de que la iglesia sea conocida por su *intolerancia*. Él exige una iglesia que no tolere falsas enseñanzas ni inmoralidad. Demanda, como ya hemos visto, una iglesia que no tolere el pecado. Tiatira estaba fallando en esos aspectos. El Señor explica: "Toleras [a] esa mujer Jezabel, que se dice profetisa". La congregación en Tiatira había sucumbido a alguna clase de feminismo del primer siglo y había abdicado algún nivel de influencia en la iglesia a una mujer, contrario al claro principio establecido por el apóstol Pablo en 1 Timoteo 2:12: "No permito a la mujer enseñar, ni ejercer dominio sobre el hombre". Para empezar, la "Jezabel" de Tiatira era una mujer inmoral e idólatra. Cristo señala que ella "se dice profetisa", lo cual significa que de modo blasfemo afirmaba que sus herejías profanas venían de Dios.

La Biblia no nos dice quién era esta mujer. Cristo se refiere a ella como "Jezabel", pero sin duda alguna ese no era su verdadero nombre. No hay muchas madres que elijan el nombre Jezabel para sus hijitas. La Jezabel original era un personaje del Antiguo Testamento: la esposa del rey Acab. Era tan perversa y destructora que las Escrituras señalan su matrimonio como el pináculo de la maldad del rey: "Acab hijo de Omri hizo lo malo ante los ojos de Jehová, más que todos los que reinaron antes de él. Porque le fue ligera cosa andar en los pecados de Jeroboam hijo de Nabat, y tomó por mujer a Jezabel, hija de Et-baal rey de los sidonios, y fue y sirvió a Baal, y lo adoró" (1 R. 16:30-31). Baal era un dios cananeo asociado con lluvias torrenciales y fertilidad; los rituales de su adoración incluían automutilación y orgías perversas. En el pasado, Israel había sido culpable de adorar a Baal, pero bajo Jezabel y Acab esto se convirtió en una religión oficialmente autorizada. Como resultado, el nombre Jezabel se convirtió en sinónimo de las peores maldades de la religión falsa, así como de la corrupción del pueblo de Dios.

Solo tenemos que considerar los horripilantes detalles que rodean la muerte de esta malvada mujer para tener una idea de cómo la ira de Dios se encendió contra ella:

> Vino después Jehú a Jezreel; y cuando Jezabel lo oyó, se pintó los ojos con antimonio, y atavió su cabeza, y se asomó a una ventana. Y cuando entraba Jehú por la puerta, ella dijo: ¿Sucedió bien a Zimri, que mató a su señor? Alzando él entonces su rostro hacia la ventana, dijo: ¿Quién está conmigo? ¿quién? Y se inclinaron hacia él dos o tres eunucos. Y él les dijo: Echadla abajo. Y ellos la echaron; y parte de su sangre salpicó en la pared, y en los caballos; y él la atropelló. Entró luego, y después que comió y bebió, dijo: Id ahora a ver a aquella maldita, y sepultadla, pues es hija de rey. Pero cuando fueron para sepultarla, no hallaron de ella más que la calavera, y los pies, y las palmas de las manos. Y

> volvieron, y se lo dijeron. Y él dijo: Esta es la palabra de Dios, la cual él habló por medio de su siervo Elías tisbita, diciendo: En la heredad de Jezreel comerán los perros las carnes de Jezabel, y el cuerpo de Jezabel será como estiércol sobre la faz de la tierra en la heredad de Jezreel, de manera que nadie pueda decir: Esta es Jezabel (2 R. 9:30-37).

Al igual que la Jezabel del Antiguo Testamento, la profetisa en Tiatira estaba llevando al pueblo de Dios a la idolatría: "Toleras que esa mujer Jezabel, que se dice profetisa, enseñe y seduzca a mis siervos a fornicar y a comer cosas sacrificadas a los ídolos" (Ap. 2:20). Por medio de su falsa y blasfema enseñanza, esta mujer llevaba de vuelta a los esclavos de Cristo hacia la esclavitud del paganismo. La Biblia nos dice la seriedad con que Dios toma que un falso maestro lleve a uno de los hijos de Dios a la inmoralidad y la herejía:

> Cualquiera que haga tropezar a alguno de estos pequeños que creen en mí, mejor le fuera que se le colgase al cuello una piedra de molino de asno, y que se le hundiese en lo profundo del mar. ¡Ay del mundo por los tropiezos! porque es necesario que vengan tropiezos, pero ¡ay de aquel hombre por quien viene el tropiezo! (Mt. 18:6-7).

Las Escrituras no nos dicen específicamente qué enseñaba esta Jezabel en la iglesia de Tiatira, sino solamente los resultados de su herejía. Al tomar algo de lo que sabemos de la falsa enseñanza que asaltó a los creyentes del primer siglo, podemos tener una idea de cómo esta mujer bajó las defensas espirituales de la iglesia y guio a los de Tiatira a grave pecado y error. La realidad es que algunas de estas mentiras aún circulan hasta el día de hoy, con similares efectos corruptores.

Podría ser que la iglesia en Tiatira sucumbiera a una forma temprana de herejía gnóstica. El término *gnosticismo* viene de la palabra griega para conocimiento (*gnósis*). Esta fue una filosofía dualista que plagó a la iglesia primitiva. Enseñaban que el universo físico era intrínsecamente malo mientras el mundo espiritual era bueno, y que la salvación consistía simplemente en obtener una clase de conocimiento espiritual esotérico. El resultado de este dualismo era una indiferencia total a los valores morales y la conducta ética. Puesto que el cuerpo y el espíritu eran completamente distintos, el pecado cometido en el cuerpo no tenía efecto en el espíritu. Al argumentar que lo que se hacía con el cuerpo no le importaba a Dios, los adeptos daban licencia a toda clase de iniquidad carnal.

Aunque el gnosticismo no ha sobrevivido como un movimiento definido, las ideas gnósticas han resurgido y plagado a la iglesia a través de los siglos. La falsa noción de que la salvación es simplemente una función del asentimiento mental todavía plaga la iglesia. La enseñanza gnóstica permitió una disparidad radical entre lo que las personas aseguran creer y la manera en que viven. La misma incoherencia es epidémica en la iglesia de hoy. Innumerables personas en las iglesias supuestamente evangélicas creen que son salvas simplemente porque recorrieron un pasillo e hicieron una oración para "recibir a Cristo". Tienen seguridad de su salvación a pesar de cómo (o si) su supuesta salvación se manifieste en sus vidas. Los defensores de esa credulidad fácil cometen el mismo error fundamental de los gnósticos: si afirmamos creer las cosas correctas, no importa cómo vivamos. El resultado es una falsa seguridad de salvación que trágicamente lleva a muchas personas al infierno.

Otra antigua mentira íntimamente relacionada que pudo haber ayudado al engaño de la Jezabel de Tiatira se conoce como *antinomianismo*. Ese nombre viene de las palabras griegas para "contra la ley" (*anti nomos*), y esa es una manera sencilla de resumir su filosofía. Los antinomianos creen que la ley de Dios no se aplica a los cristianos, que el perdón divino fue completo y que la gracia cubrió todos los pecados que habían cometido o que incluso cometerán en el futuro. Retuercen la verdad de que "si sois guiados por el Espíritu, no estáis bajo la ley" (Gá. 5:18) para sugerir que, por tanto, la ley de Dios no tiene relevancia para los cristianos. Respecto a la pregunta de Romanos 6:1: "¿Qué, pues, diremos? ¿Perseveraremos en el pecado para que la gracia abunde?", su respuesta en efecto fue: *Sí. El pecado magnifica la gracia de Dios, así que no hay nada de qué preocuparse*. Esta flagrante malinterpretación de la misericordia divina les brinda una visión insensible de la rectitud y autodisciplina, y lleva a vidas sin ley hacia el pecado manifiesto. Judas describió y advirtió a quienes propagaban tal error: "Hombres impíos, que convierten en libertinaje la gracia de nuestro Dios, y niegan a Dios el único soberano, y a nuestro Señor Jesucristo" (Jud. 4).

Mientras que el nombre "antinomiano" sigue siendo despectivo en círculos cristianos, una visión similarmente sesgada de la gracia de Dios ha estado aumentando en popularidad en los últimos años. Algunos pastores hacen orgullosamente alarde de su pecaminosidad ante sus congregaciones; otros se burlan abiertamente de la búsqueda de santidad y piedad como una negación legalista de la gracia. Y aunque el fuerte énfasis en la gracia de Dios parece bueno inicialmente, esta teología lleva a una peligrosa subestimación del pecado y falta de apreciación por su verdadera ofensa a Dios. En muchos casos esta creencia es poco más que una fachada usada para cubrir una vida inmoral.

Podemos ver cómo ambas mentiras se habrían reproducido en la Jezabel de Tiatira. Prácticamente cualquier excusa para ignorar el pecado se habría añadido a su campaña de corrupción. Cualquiera que sea la naturaleza de sus mentiras doctrinales, esta mujer logró convencer a gran parte de la iglesia que la inmoralidad extrema del paganismo era un comportamiento aceptable para los creyentes. Creían que podían clamar el nombre de Cristo mientras seguían entregándose claramente a los pecados de la carne. Es más, la carta de Cristo se refiere a los esfuerzos de algunos en la iglesia por "[conocer] lo que ellos llaman las profundidades de Satanás" (Ap. 2:24). Al parecer, esta mujer y sus seguidores no estaban satisfechos con la idolatría y el paganismo comunes y corrientes. Se aventuraban profundamente en el dominio de Satanás para satisfacer sus apetitos inmorales. En la lógica tergiversada que tenían, estaban permitidas incluso las perversiones demoníacas y la conducta satánicamente licenciosa.

En el versículo 21, el Señor declara: "Le he dado tiempo para que se arrepienta, pero no quiere arrepentirse de su fornicación". No puede haber equivocación: esa falsa profetisa conocía las profundidades de su malvado engaño. Sabía que su enseñanza era una afrenta a Dios, una blasfemia de su nombre y un veneno espiritual para la iglesia. La paciencia de Dios con ella había llegado a su fin y el juicio venía.

LA PROCLAMACIÓN DE PERDICIÓN

Cristo promete una respuesta rápida y terrible a la corrupción de su iglesia: "He aquí, yo la arrojo en cama, y en gran tribulación a los que con ella adulteran, si no se arrepienten de las obras de ella. Y a sus hijos heriré de muerte, y todas las iglesias sabrán que yo soy el que escudriña la mente y el corazón; y os daré a cada uno según vuestras obras" (Ap. 2:22-23).

El juicio divino venía rápidamente para la Jezabel de Tiatira, y todos "los que con ella adulteran". A lo largo de las Escrituras, "adulterio" se usa frecuentemente como referencia a infidelidad espiritual. El término es adecuado, y a menudo literalmente aplicable, porque los actos de fornicación se consideraban ritos religiosos en muchas variedades de religión pagana, desde los antiguos cananeos hasta los cultos griegos y romanos del primer siglo. Corinto, por ejemplo, era una ciudad llena de templos. Pero los burdeles eran aún más numerosos que los templos, y las prostitutas servían como "sacerdotisas" de los varios cultos. El hecho de que Cristo llame

"Jezabel" a esta mujer de Tiatira indica que ella y su falsa enseñanza habían fomentado una tolerancia malvada de relaciones inmorales dentro de la iglesia. Según parece, esta mujer había incitado actos físicos de adulterio dentro de la iglesia, imitando el paganismo de esa era corrupta. La idea de que ella era culpable de adulterio real la refuerza la advertencia de Cristo de que la arrojaría "en cama". (Las palabras "de sufrimiento" [NTV] o "de dolor" [NVI] no aparecen en el texto griego original; fueron agregadas por los traductores). El sentido es que ella y todos los que participaban en la iniquidad de Jezabel serían arrojados juntos al infierno.

El Señor continúa: "Y a sus hijos heriré de muerte" (v. 23). Es probable que esta referencia literalmente traducida no sea a hijos biológicos que ella podría haber tenido. Más bien, la Jezabel de Tiatira habría ejercido influencia en la iglesia por tanto tiempo, que tenía una segunda generación de seguidores que defendían su herejía. A fin de purificar su iglesia, el Señor amenaza con matar a estos discípulos del libertinaje de Jezabel.

¡Las palabras de Cristo aquí deberían hacer que se asuste un pastor que cede al pecado y lo tolere! Por el bien de la pureza de su iglesia, Cristo matará a quienes traen una influencia corruptora. Lo hizo cuando Ananías y Safira mintieron al Espíritu Santo (Hch. 5:1-11). Mató a algunos en la iglesia de Corinto que abusaron de la Cena del Señor (1 Co. 11:28-29). Primera de Juan 5:16 afirma que "hay pecado de muerte": un pecado tan grave que el Señor le quita la vida a quien lo comete. Si la pureza de la iglesia está amenazada, el Señor eliminará esa amenaza de la faz de la tierra. Quizás no siempre lo haga cuando lo esperamos, pues a menudo extiende gran paciencia, como lo hizo con esta Jezabel de Tiatira. Pero la paciencia no está garantizada. De nuevo, no debemos imaginar que hay una cantidad "aceptable" de pecado en la iglesia. El Señor no tolera ninguno; nosotros tampoco deberíamos tolerarlo.

En su tiempo, el Señor se moverá en juicio decisivo contra los que corrompen su iglesia, y no solo por el bien de esa iglesia individual.

Cristo dice que derramará su ira, y así "todas las iglesias sabrán que yo soy el que escudriña la mente y el corazón; y os daré a cada uno según vuestras obras" (v. 23). En pocas palabras, Él iba a hacer que Tiatira fuera un ejemplo.

No entiendo cómo pastores e iglesias pueden ser indiferentes al pecado cuando ven esta declaración inequívoca de la Cabeza de la iglesia: que exhibirá públicamente su santa ira si una iglesia cae en corrupción. Hará un espectáculo de su juicio, de manera que otras congregaciones lo ven y tiemblen. Cristo usará el fracaso y la destrucción de una iglesia para purificar a otras y mostrar su santidad a su pueblo. No hay excusa para tolerar el pecado o acogerlo como una estrategia evangelística. Hacer eso invita la ira del cielo.

Las palabras de Cristo en el versículo 23 hacen eco de Jeremías 17:10: "Yo Jehová, que escudriño la mente, que pruebo el corazón, para dar a cada uno según su camino, según el fruto de sus obras". Esta es otra afirmación de su deidad y autoridad. Nos recuerda que Él es Juez omnisciente que ve todo con claridad penetrante y perfecta.

Finalmente hay una nota de ánimo en las palabras del Señor, no para los idólatras inmorales que corrompen la iglesia sino para esa minoría que ha permanecido fiel contra las embestidas de Satanás y sus falsos maestros. Así como Él ve las obras de los malvados, también ve la fidelidad del remanente. Y Cristo no cierra su carta sin un mensaje final de consuelo para aquellos que se aferran a la verdad.

CONSUELO PARA LOS INCORRUPTOS

Si fueras un creyente fiel en Tiatira, solo había una iglesia en la ciudad. Había esta iglesia que practicaba idolatría abierta, o nada. Esa era tu iglesia.

Hoy día muchos creyentes se sienten igualmente atrapados en comunidades en que no hay iglesias fuertes o fieles, donde solo pueden buscar las mejores de las malas opciones. A esos cristianos fieles aferrados a congregaciones débiles o fracasadas, el Señor tiene esto que decir:

> A vosotros y a los demás que están en Tiatira, a cuantos no tienen esa doctrina, y no han conocido lo que ellos llaman las profundidades de Satanás, yo os digo: No os impondré otra carga; pero lo que tenéis, retenedlo hasta que yo venga. Al que venciere y guardare mis obras hasta el fin, yo le daré autoridad sobre las naciones, y las regirá con vara de hierro, y serán quebradas como vaso de alfarero; como yo también la he recibido de mi Padre; y le daré la estrella de la mañana. El que tiene oído, oiga lo que el Espíritu dice a las iglesias (Ap. 2:24-29).

El Señor siempre conoce a los suyos. Entre la vil corrupción en Tiatira, dentro de una iglesia que se apresuraba al infierno, aún había algunos creyentes fieles. Dios también vio las obras de estos. No hay ninguna carga en ellos; simplemente deben permanecer fieles. Ya estaban soportando la carga de la falsa enseñanza constante; el peso inmenso de la pena de vivir fielmente junto a este espeluznante espectáculo. Eso era suficiente. Pero Cristo les dice que deben "retener" la verdad, resistiendo las influencias corruptoras que los rodean. Deben seguir resistiendo los requerimientos de Satanás y la influencia malvada de sus falsos maestros. No hay otra iglesia a la cual acudir. Tienen que soportar la presión de esta corrupción consumidora y esperar que comience la obra purificadora del Señor.

Ese debería ser un consuelo para cada creyente fiel atrapado en una iglesia pecadora. El Señor no es ciego a esta situación. Él ve esa corrupción que rodea a los fieles y conoce la carga que soportan. Cristo quiere que te mantengas fiel, y que sepas que Él ve la fidelidad que muestras. Podrías estar espiritualmente varado, pero no estás solo.

Además, a sus fieles vencedores (véase 1 Jn. 5:4-5), Cristo

promete: "Yo le daré autoridad sobre las naciones, y las regirá con vara de hierro, y serán quebradas como vaso de alfarero; como yo también la he recibido de mi Padre" (Ap. 2:26-27). El lenguaje aquí viene de las palabras del Salmo 2:7-9: "Yo publicaré el decreto; Jehová me ha dicho: Mi hijo eres tú; yo te engendré hoy. Pídeme, y te daré por herencia las naciones, y como posesión tuya los confines de la tierra. Los quebrantarás con vara de hierro; como vasija de alfarero los desmenuzarás".

Esta es una referencia al reinado de Cristo en su reino milenial. A aquellos que vencen fielmente, que perseveran hasta el final, Cristo promete hacerles partícipes de su santa autoridad. El Señor gobernará sobre las naciones rebeldes con vara de hierro, pero también pastoreará a su pueblo. Ese es el papel que comparte con sus benditos vencedores en su reino.

Hay más: "Y le daré la estrella de la mañana" (Ap. 2:28). En Apocalipsis 22:16, Juan nos dice que la estrella de la mañana no es otro que Cristo mismo: "Yo Jesús he enviado mi ángel para daros testimonio de estas cosas en las iglesias. Yo soy la raíz y el linaje de David, la estrella resplandeciente de la mañana". En este lado del cielo, los cristianos tenemos a Cristo en parte. Su Espíritu mora en nosotros; tenemos su Palabra. Esta es una promesa de nuestra relación futura con Cristo cuando lo conoceremos de manera total, íntima y real en la gloria de su reino. Con anhelo anticipamos ese día bendito. Pablo escribió: "Ahora vemos por espejo, oscuramente; mas entonces veremos cara a cara. Ahora conozco en parte; pero entonces conoceré como fui conocido" (1 Co. 13:12). Los vencedores recibirán tanto el reino como al Rey.

Cristo termina su carta a Tiatira con su acusación repetida a la audiencia mayor: "El que tiene oído, oiga lo que el Espíritu dice a las iglesias" (Ap. 2:29). La iglesia debe escuchar las palabras del Señor a Tiatira y temblar. Debemos saber que Dios no será burlado, y que no retendrá indefinidamente su juicio. Castigará de modo feroz a aquellos que toleran el pecado y juegan con el mismo, infectando su iglesia con corrupción mundana. Pero a quienes resisten y permanecen fieles —los que se mantienen apartados de la corrupción del mundo— les promete la plenitud de Cristo al reinar con Él.

7

La iglesia muerta
SARDIS

El Señor ha creado un vasto y magnífico universo, del cual nuestras mentes finitas solo pueden comprender una pequeña fracción. E incluso lo que creemos ver en los enormes recovecos del espacio puede ser engañoso. Por ejemplo, un año luz es la distancia que la luz puede viajar en un año, moviéndose a casi trescientos mil kilómetros por segundo. La distancia representa casi diez billones de kilómetros. Entonces, cuando miramos el cielo en la noche y contemplamos las estrellas, no vemos la luz que están produciendo actualmente, sino la luz de cinco, diez o incluso veinte años atrás. Es más, podríamos estar mirando la luz de décadas en el pasado, incluso de estrellas que se agotaron hace mucho tiempo. Y podrían pasar más años o incluso décadas antes que nos demos cuenta de que esa luz se había apagado.

Hoy día hay muchas iglesias en una situación similar. Desde la distancia brillan y resplandecen, pero esa luz es una ilusión. Es tan solo un reflejo del pasado, y persisten mucho después que cualquier luz dentro de la iglesia se haya extinguido por el pecado y la falsa enseñanza. La iglesia en Sardis era así. Desde afuera no hubiéramos sabido que algo andaba mal. Pero en su carta a la iglesia en Apocalipsis 3:1-6, el Señor pronuncia la muerte de esta congregación.

LA GLORIA PASADA

A unos cincuenta kilómetros al sur de Tiatira se encontraba la ciudad de Sardis en las laderas del monte Tmolus, cerca del río Pactolo, el cual albergaba grandes depósitos de oro que convertían a Sardis en una de las ciudades más ricas en el mundo antiguo. Era la capital del imperio lidio, cuyo rey Creso sigue siendo un punto de referencia para riqueza ("tan rico como Creso"). Es más, se dice que Sardis es la primera ciudad que acuñó monedas con mezcla de oro y plata. La tradición nos informa después que Sardis también fue la primera en desarrollar el proceso para teñir lana; la industria textil siguió siendo una importante actividad para la ciudad durante el primer siglo.

Una ciudad de tan enorme riqueza debía ser capaz de protegerse. Sardis se alzaba a quinientos metros en las colinas, rodeada por escarpados acantilados y laderas, con solo un camino empinado que llevaba a la ciudad. Se creía que Sardis era inexpugnable. Y podría haberlo sido, de no ser por el descuido humano:

> A pesar de una supuesta advertencia en contra de la autosatisfacción de parte del dios griego a quien consultó, el rey Creso de Lidia inició un ataque contra el rey Ciro de Persia, pero fue completamente derrotado. Al regresar a Sardis para recuperarse y reconstruir su ejército para otro ataque, fue perseguido rápidamente por Ciro, quien sitió a Sardis. Creso se sintió totalmente seguro en su inexpugnable ubicación en lo alto de la acrópolis y previó una victoria fácil sobre los persas que estaban acorralados entre las rocas perpendiculares en la ciudad más baja, una

> presa fácil para el ejército lidio que se reunió con fines de acabar con el enemigo. Después de retirarse una noche mientras se desarrollaba el drama, el rey despertó para descubrir que los persas habían obtenido el control de la acrópolis escalando uno por uno las empinadas paredes (549 a.C.). Tan seguros se sentían los sardos que dejaron este medio de acceso totalmente desprotegido, permitiendo que los escaladores treparan sin ser vistos. Se dice que hasta un niño pudo haber defendido la ciudad de esta clase de ataque, pero no fueron lo suficiente previsores como para haber puesto un centinela que vigilara el lado que creían inaccesible.
>
> La historia se repitió más de tres siglos y medio después, cuando Antíoco el Grande conquistó Sardis utilizando los servicios de un alpinista cretense de pies firmes (195 a.C.). Su ejército entró a la ciudad por otra ruta, mientras con descuidada confianza los defensores se contentaron con proteger el único acceso posible: la franja de tierra conectada con el monte Tmolus por el sur.[1]

Sardis estaba bajo el dominio romano más de cien años antes del nacimiento de Cristo. En el año 17 fue arrasada por un gran terremoto que dejó en ruinas la ciudad. El emperador romano Tiberio la reconstruyó, y a su vez Sardis se convirtió en hogar de un templo en su honor. Sin embargo, la principal deidad de la ciudad era la diosa Cibeles. Las ruinas de Sardis aún permanecen hoy día cerca de la aldea de Sart en Turquía.

Aunque la urbe siguió prosperando bajo el dominio de Roma, nunca volvió a tener su antiguo esplendor. Es más, era una ciudad degenerada, sede de una congregación degenerada. La Biblia no nos

1. Robert L. Thomas, *Revelation 1–7: An Exegetical Commentary* (Chicago: Moody, 1992), p. 241.

ofrece detalles sobre la fundación de la iglesia en Sardis. Es probable que se iniciara durante el ministerio de Pablo en Éfeso (Hch. 19:10).

La carta de Cristo a la iglesia en Sardis se destaca de alguna manera por lo que *no dice*. No se menciona persecución. No se menciona mala teología o falsos maestros. No se analiza transigencia con el mundo o algún pecado específico que corrompiera la iglesia. Pero podemos suponer de modo razonable que todos esos fueron problemas para la congregación en Sardis, y que estaban más abajo en el deslizamiento espiritual de lo que el Señor había descrito. Es más, Él dice lo peor que se podría decir de una iglesia: que está muerta. Igual que Éfeso, en menos de cuarenta años habían dejado su primer amor, fueron seducidos para hacer concesiones como Pérgamo, y habían sucumbido a la corrupción como Tiatira. ¿Cómo más podían haber descendido tan rápido a la clase de decadencia espiritual que el Señor describe en Apocalipsis?

LA SOLUCIÓN DIVINA PARA NECESIDADES DESESPERADAS

En su carta a Sardis, Cristo se identifica en una manera convincente como "El que tiene los siete espíritus de Dios, y las siete estrellas" (Ap. 3:1). Según hemos visto, Jesús toma imágenes de la visión inicial de Juan para ilustrar aspectos específicos de su carácter que refuerzan sus palabras a cada iglesia en particular. Pero la referencia a "los siete espíritus de Dios" señala hacia atrás, a los propios saludos de Juan a las siete iglesias en Apocalipsis 1:4: "Juan, a las siete iglesias que están en Asia: Gracia y paz a vosotros, del que es y que era y que ha de venir, y de los siete espíritus que están delante de su trono". Se trata de una frase que se usa en varias ocasiones a lo largo del libro (véase también 4:5; 5:6). Pero ¿qué significa, ya que solo hay un Espíritu Santo (Ef. 4:4)?

Hay dos maneras de entender las imágenes aquí. Primera, podemos mirar atrás en Isaías 11:2, donde Isaías describe la relación del Espíritu Santo con el Mesías: "Reposará sobre él el Espíritu de

Jehová; espíritu de sabiduría y de inteligencia, espíritu de consejo y de poder, espíritu de conocimiento y de temor de Jehová". Isaías identifica siete características clave de la obra fortalecedora del Espíritu: Él es el Espíritu del Señor, así como el Espíritu de sabiduría, inteligencia, consejo, poder, conocimiento y temor del Señor. A esto es lo que comúnmente se conoce como el Espíritu séptuple del Señor; es una forma de entender el Espíritu en la plenitud de su poder y su obra.

La otra manera de entender lo que Cristo quiere decir cuando afirma "que tiene los siete espíritus de Dios" es ver una referencia a la visión profética que Zacarías tuvo del Espíritu Santo como un candelero de oro compuesto por siete lámparas en Zacarías 4:1-10. En cualquier caso, esta es una referencia cierta al Espíritu Santo, quien fue entregado a la iglesia por Cristo.

Entonces, a la iglesia en Sardis el Señor se describe como aquel que posee el Espíritu Santo en su plenitud, y las "siete estrellas", una referencia a la visión inicial de Juan (Ap. 1:16) que relata el cuidado soberano del Señor por los mensajeros a las siete iglesias. En resumen, el Autor de la carta es quien da el Espíritu Santo a la iglesia y quien soberanamente la guía a través de sus pastores.

¿Cómo se relaciona eso con la congregación en Sardis? ¿Por qué no viene Cristo en juicio omnisciente, con ojos de fuego y pies de bronce? Como veremos, no hay mucho juicio en esta carta, porque la iglesia ya está muerta desde el inicio.

Cristo se describe como Aquel que posee lo que la iglesia más necesita: el Espíritu Santo y pastores fieles. Los miembros de la congregación en Sardis no tenían lo uno ni lo otro. Estaban desviados del Espíritu Santo y sin pastores espiritualmente calificados. No había liderazgo piadoso; la iglesia era desviada por hombres que no conocían ni amaban la verdad. La vida y el poder del Espíritu Santo no reposaban allí. La obra esclarecedora y habilitadora del Espíritu había cesado. Sin el Espíritu Santo y sin líderes fieles, la iglesia estaba muerta y dominada por la carne, el pecado y la incredulidad, y principalmente habitada por no regenerados. La iglesia en Sardis tenía necesidades espirituales desesperadas que solo Cristo podía satisfacer.

LAS OBRAS DE LOS MUERTOS

El patrón del Señor en estas cartas había sido incluir por adelantado algunas palabras de encomio o elogio para aquellos en las iglesias que han permanecido fieles a Él y su Palabra. Su carta a Sardis rompe ese patrón, pues escribe: "Yo conozco tus obras, que tienes nombre de que vives, y estás muerto" (Ap. 3:1).

Nuestro Dios es omnisciente; ve todo y ve *a través* de todo. La iglesia en Sardis se veía bien a simple vista. Cristo dice "que tienes nombre de que vives, y estás muerto". A través de la fachada de las obras de los miembros de esta iglesia, Él podía ver la verdadera naturaleza de sus corazones. No es simplemente muerte física a lo que Cristo se refiere: están espiritualmente muertos. Es lo que Pablo describe en Efesios 2:1 como "muertos en vuestros delitos y pecados". En Colosenses 2:13 escribe: "Muertos en pecados y en la incircuncisión de vuestra carne". Esa es la clase de muerte que el Señor describe en Sardis. Él puede ver que esta iglesia no es salva, que bien podría ser el mundo.

Tristemente, hoy día vemos muchas iglesias así. El mundo está lleno de congregaciones liberales que no creen que la Biblia sea la Palabra de Dios. Niegan la deidad y la obra expiatoria de Cristo, y niegan su evangelio. Todavía siguen los pasos de la piedad y las formas de adoración, pero no hay vida espiritual dentro de ellas. La devoción fingida a Cristo es una farsa; no hay motivo para ver salvos a quienes no se han regenerado porque ellos mismos tampoco lo están.

En cierto sentido es fácil detectar una iglesia muerta; está envuelta en tradición religiosa practicada de memoria, pero carece de verdadera fe. Se preocupa de liturgia y forma, pero no de adoración verdadera. Es una iglesia dedicada a sanar males sociales y promover bienestar público, pero no predica el poder del evangelio para transformar vidas. Es una iglesia que tolera el pecado en lugar de confrontarlo. Es una iglesia que está más interesada en la moda y opiniones humanas que en la Palabra de Dios. Es una iglesia dedicada a las cosas materiales, incluso vagamente a las espirituales, pero no a las Escrituras en su plenitud. Es una iglesia sin deseos de santidad.

Y solo treinta o cuarenta años después que fuera fundada, desde que el evangelio se extendiera por Asia Menor (véase Hch. 19:10) hasta el exilio de Juan en Patmos, la iglesia en Sardis había muerto. Tan rápida decadencia es una advertencia en sí.

¿Qué pudo destruir tan rápido a una iglesia? El error la destruye. La falsa enseñanza y la falsa doctrina confunden y corrompen la iglesia, drenándole la vida. El pecado la mata. Poco a poco, el pecado destruye la vida de la iglesia. Distorsiona el carácter y envuelve la mente. Los pecados de omisión y comisión sofocan lentamente la voluntad de la iglesia para mantenerla santa y pura. El liderazgo pecaminoso puede rápidamente asestar un golpe mortal a la iglesia. Transigir con el mundo también la mata. Al contrario de la tendencia actual, no hay mejor manera de dar a conocer el poder asesino del pecado en una iglesia que con afluencia de incrédulos. Aceptar y colocar a estos no creyentes en posiciones de liderazgo agarra a la iglesia por el cuello y la estrangula. En última instancia, las iglesias mueren por una razón: toleran el pecado, lo cual incluye la falta fundamental de no tomar en serio las Escrituras.

Es evidente que la iglesia en Sardis estaba cumpliendo formalidades religiosas. Quizás ayudaban con algunos de los males sociales de la ciudad; tal vez hacían obra filantrópica o proporcionaban servicios a la comunidad. Pero el Señor dice: "Yo conozco tus obras". Al final de Apocalipsis 3:2 añade: "No he hallado tus obras perfectas delante de Dios". Esa es otra manera de decir que no satisfacen las obras de los miembros de la congregación. Su pantomima piadosa no engañaba al Señor; sus buenas obras eran inaceptables. La iglesia podría haber sido socialmente distinguida, pero estaba viviendo una mentira. Por dentro era un cementerio espiritual, y sus buenas obras eran un mal disfraz para un cadáver eclesiástico.

En ese sentido, se parecían mucho a Sansón. En los días lúgubres de la historia de Israel, en la época de los jueces, el Señor les dio a los israelitas un campeón como Sansón con la misión de pelear contra los filisteos. Él era un héroe adorable para el pueblo de Dios, que realizaba hazañas milagrosas de fortaleza y proezas heroicas que todo niño en la escuela dominical sabe de memoria.

Pero Sansón cayó en pecado. Sucumbió a la lujuria y el orgullo, y neciamente divulgó el secreto de su fuerza: su pelo. Finalmente, no fue el corte de cabello lo que le costó la fuerza, sino el hecho de que incumplió un voto a Dios. Cuando los filisteos lo volvieron a atacar, las Escrituras narran que fue capturado fácilmente porque "no sabía que Jehová ya se había apartado de él. Mas los filisteos le echaron mano, y le sacaron los ojos, y le llevaron a Gaza; y le ataron con cadenas para que moliese en la cárcel" (Jue. 16:20-21).

Qué trágica declaración: "No sabía que Jehová ya se había apartado de él". Su pecado lo convirtió en un pobre infeliz: ciego, deplorable y encarcelado, esclavizado a moler en cadenas por el resto de su vida. Esa era la iglesia en Sardis. En cierto momento estuvieron vivos y fueron poderosos, pero comenzaron a cortejar el mundo y tolerar el pecado. Con el tiempo se volvieron débiles y ciegos, sin saber que Dios se había apartado de ellos.

Muchas iglesias modernas son iguales. Están bien vestidas y organizadas. Tienen apariencia externa de vida. Pero por dentro toda la congregación está ciega y atada a las cadenas de su pecado. A creyentes como esos, el Señor les advierte: "Tienes nombre de que vives, y estás muerto".

MAYORMENTE MUERTA

Los mandatos de Cristo a la iglesia revelan que aún había algo de vida espiritual en Sardis. Le dice: "Sé vigilante, y afirma las otras cosas que están para morir; porque no he hallado tus obras perfectas delante de Dios. Acuérdate, pues, de lo que has recibido y oído; y guárdalo, y arrepiéntete. Pues si no velas, vendré sobre ti como ladrón, y no sabrás a qué hora vendré sobre ti" (Ap. 3:2-3). No sirve de nada decirle a un muerto que esté vigilante.

Por tanto, el Señor habla a esos pocos creyentes que permanecen en Sardis. Les da cinco órdenes de rescatar la iglesia de su espiral de muerte e impulsar la reforma y restauración necesarias en Sardis.

La primera es simplemente: "Sé vigilante" (v. 2). Este no era un momento para letargo espiritual. Debían despojarse de su indiferencia espiritual y ponerse en acción. Es un llamado a mirar alrededor y evaluar exactamente la situación. No podía haber más aceptación pasiva de la situación actual. La iglesia estaba agonizando; gran parte de ella ya había muerto. Vigilen y estén alerta. Es hora de trabajar.

La segunda orden es: "Afirma las otras cosas que están para morir" (v. 2). Este es un llamado a rescatar lo que puedan de la iglesia moribunda, a quitar los años de seca podredumbre y descomposición y salvar lo que puedan de su antiguo valor espiritual. Cualquier virtud y piedad que aún permaneciera, cualquier rescoldo de su amor por Cristo que aún pudiera avivarse… que fortalezcan estas cosas.

En el versículo 3, Cristo les ordena: "Acuérdate, pues, de lo que has recibido y oído". A estas alturas estaba cerrándose el canon del Nuevo Testamento. Todos los evangelios y las epístolas se habían escrito. Sabemos que las cartas de Pablo estaban circulando por todas las iglesias (véase 2 P. 3:15-16); sin duda, lo mismo ocurría con otras. El Señor dice a los creyentes que quedan en Sardis que piensen en la verdad espiritual que habían recibido y no permitan que sus corazones se enfríen a la Palabra. En efecto, "Recordemos la verdad del glorioso evangelio de Cristo; recordemos la enseñanza de que los apóstoles sufrieron y murieron para entregárnoslo". Esto es similar al encargo de Pablo a Timoteo: "Guarda lo que se te ha encomendado" (1 Ti. 6:20). Los creyentes en Sardis debían recuperar la preciosidad de la Palabra de Dios si esperaban revivir y rescatar su iglesia moribunda.

Pero no basta simplemente recordar la verdad. Cristo también ordenó que la guardaran (Ap. 3:3). Como vemos en la iglesia en Pérgamo, no basta con saber la verdad. El Señor también nos ordena obedecerla. Recordar la verdad no ayuda a la iglesia que no la vive.

Finalmente, el Señor les ordenó: "Arrepiéntete" (v. 3). Además de todo, aquellos en la iglesia de Sardis debían confesar sus pecados y volverse de ellos. Sin arrepentimiento, ninguno de los otros cambios habría durado o habría tenido una influencia duradera en la vida de la iglesia. Si iba a haber un verdadero avivamiento en la iglesia, debían romper todos los patrones de pecaminosidad y llegar a una relación correcta con Dios.

Y el Señor les advirtió lo que sucedería si no cumplían los mandamientos: "Pues si no velas, vendré sobre ti como ladrón, y no sabrás a qué hora vendré sobre ti" (v. 3). Cuando el Señor habla de venir como ladrón, esta es una imagen de su juicio inminente. Significa que vendrá sin advertencia, cuando menos lo esperen. Más tarde, en Apocalipsis 16:15, leemos: "He aquí, yo vengo como ladrón. Bienaventurado el que vela, y guarda sus ropas, para que no ande desnudo, y vean su vergüenza". En su segunda epístola, Pedro advierte: "El día del Señor vendrá como ladrón en la noche; en el cual los cielos pasarán con grande estruendo, y los elementos ardiendo serán deshechos, y la tierra y las obras que en ella hay serán quemadas" (2 P. 3:10). Esa es una advertencia del juicio final de Dios sobre el mundo. Las palabras de Cristo a Sardis son una promesa mucho más local de perdición. Si la iglesia no se arrepiente y se reforma, Él vendrá en un momento desconocido trayéndole caos y destrucción.

Esta misma amenaza se aplica a todas las iglesias muertas. Si no despiertan de su letargo espiritual, si no fortalecen su amor por Dios, si no recuerdan la verdad de la Palabra, si no llevan vidas de obediencia y arrepentimiento de sus pecados, enfrentarán el horror y el terror que Pablo describió en 1 Tesalonicenses 5:2-3: "Vosotros sabéis perfectamente que el día del Señor vendrá así como ladrón en la noche; que cuando digan: Paz y seguridad, entonces vendrá sobre ellos destrucción repentina, como los dolores a la mujer encinta, y no escaparán".

A AQUELLOS CON VESTIDURAS MUY LIMPIAS

El Señor termina su carta a Sardis con un estímulo al pequeño grupo de creyentes fieles que quedaba: "Pero tienes unas pocas personas en Sardis que no han manchado sus vestiduras; y andarán conmigo en vestiduras blancas, porque son dignas" (Ap. 3:4). Unos pocos miembros valiosos en medio de esta iglesia muerta no la habían seguido hacia el pecado y la decadencia espiritual. Allí había algunos creyentes verdaderos entre los hipócritas, unos pocos separados y espirituales entre los carnales y mundanos. El Señor tenía un pequeño remanente de cristianos verdaderos que llevaban vidas puras, sanas y semejantes a Cristo en medio de esta iglesia muerta y corrupta.

En Romanos 11:1-5, Pablo recuerda a sus lectores que Dios siempre tiene un remanente de su pueblo Israel, sin importar cuán calamitosa y espiritualmente muerta parezca la nación:

> Digo, pues: ¿Ha desechado Dios a su pueblo? En ninguna manera. Porque también yo soy israelita, de la descendencia de Abraham, de la tribu de Benjamín. No ha desechado Dios a su pueblo, al cual desde antes conoció. ¿O no sabéis qué dice de Elías la Escritura, cómo invoca a Dios contra Israel, diciendo: Señor, a tus profetas han dado muerte, y tus altares han derribado; y solo yo he quedado, y procuran matarme? Pero ¿qué le dice la divina respuesta? Me he reservado siete mil hombres, que no han doblado la rodilla delante de Baal. Así también aun en este tiempo ha quedado un remanente escogido por gracia.

Es evidente que la cantidad de creyentes fieles en Sardis era minúscula; eran tan pocos que no influían en la evaluación del Señor de que la iglesia como un todo estaba muerta. Pero eso no significaba que el Señor olvidaría o no hiciera caso a esos escasos fieles que habían continuado en amor por la verdad y en perseverancia. Como el autor de Hebreos nos recuerda: "Dios no es injusto para olvidar vuestra obra y el trabajo de amor que habéis mostrado hacia su nombre, habiendo servido a los santos y sirviéndoles aún" (He. 6:10).

El Señor no olvidó a su pueblo en Sardis; es más, en su carta inmortalizó a cada generación de la iglesia la fidelidad que mostraron. Él afirma que ellos "no han manchado sus vestiduras" (Ap. 3:4). Traducida literalmente, la palabra (*molúno*) significa manchar o teñir. A menudo en la Biblia se usa "vestiduras" para referirse al carácter espiritual de alguien. Por ejemplo, Judas 23 describe la contaminación espiritual de personas corrompidas por los falsos maestros como "la ropa contaminada por su carne". Estas vestiduras limpias representan el carácter piadoso y la pureza de esos pocos creyentes, aún más notable al considerar la corrupción de la iglesia a la que pertenecían.

Cristo dice que estas personas fieles "andarán conmigo en vestiduras blancas, porque son dignas (Ap. 3:4). Túnicas blancas, como las que Cristo describe aquí, se usaban comúnmente en celebraciones y festivales, o después de victorias militares. Incluso como símbolo de su bondad y virtud, los paganos adoraban en vestiduras limpias y blancas a sus dioses falsos. Querrían presentarse como dignos del afecto y la buena voluntad del ídolo. Pero estas no son túnicas simplemente limpias en este mundo temporal. Cristo se refiere a las túnicas espirituales brillantes y relucientes de la justicia impoluta que cubren a los creyentes que se han purificado por el sacrificio que hizo a favor de ellos. En Apocalipsis 7:14, leemos de aquellos que "han lavado sus ropas, y las han emblanquecido en la sangre del Cordero".

Esta es la gloriosa verdad del evangelio. En Romanos 5:19, Pablo expresa: "Así como por la desobediencia de un hombre los muchos fueron constituidos pecadores, así también por la obediencia de uno, los muchos serán constituidos justos". Tal como a través del pecado de Adán fuimos constituidos pecadores, hemos recibido justificación a través de la muerte de Cristo. ¿Cómo es esto? Pablo proclama esta realidad en 2 Corintios 5:21: "Al que no conoció pecado, por nosotros lo hizo pecado, para que nosotros fuésemos hechos justicia de Dios en él". Dios trató a Cristo en la cruz como si hubiera vivido mi vida de pecado, para poder tratarme como si yo hubiera vivido la vida recta de Cristo. Como nuevas criaturas en Cristo, estamos envueltos en su justicia. Cuando Dios nos mira ahora, solo ve la santa perfección de su Hijo.

La imagen de vestiduras manchadas es un aspecto que se observa a lo largo de las Escrituras. Debido a que somos criaturas caídas, indefectiblemente contaminadas por nuestro pecado, ni siquiera las buenas obras que hagamos pueden cubrir nuestros pecados. En realidad, "todos nosotros somos como suciedad, y todas nuestras justicias como trapo de inmundicia" (Is. 64:6). Las mejores cosas que hacemos siguen estando contaminadas por el pecado. Por tanto, cualquiera que espere comparecer delante de Dios vestido en la "justicia" de sus propias buenas obras está confiando en ropa contaminada por la carne.

Dios exige justicia *perfecta*. Jesús manifestó: "Si vuestra justicia no fuere mayor que la de los escribas y fariseos, no entraréis en el reino de los cielos" (Mt. 5:20). ¿Qué tan alta es la norma? "Sed, pues, vosotros perfectos, como vuestro Padre que está en los cielos es perfecto" (v. 48).

Eso establece una norma inalcanzable. Pero por imputación, Cristo provee una justicia perfecta para todos los que confían en Él como Señor y Salvador. Dios imputa justicia a los creyentes aparte de todas las buenas obras que hagan (Ro. 4:6). La justicia de Cristo los cubre como una vestidura blanca e inmaculada de perfección absoluta. En palabras de Isaías 61:10, "en gran manera me gozaré en Jehová, mi alma se alegrará en mi Dios; porque me vistió con vestiduras de salvación, me rodeó de manto de justicia". Eso es lo que el apóstol Pablo quiso decir cuando atestiguó que por fe llegó a "ser hallado en [Cristo], no teniendo mi propia justicia, que es por la ley, sino la que es por la fe de Cristo, la justicia que es de Dios por la fe" (Fil. 3:9).

Más adelante, el proceso de santificación purifica progresivamente a los creyentes a fin de hacerlos más y más semejantes a Cristo. "Somos transformados de gloria en gloria en la misma imagen, como por el Espíritu del Señor" (2 Co. 3:18). Un día, cuando vayamos a estar con Cristo, o cuando regrese para llevarnos de este mundo, nuestra glorificación será completa al instante: "Amados, ahora somos hijos de Dios, y aún no se ha manifestado lo que hemos de ser; pero sabemos que cuando él se manifieste, seremos semejantes a él, porque le veremos tal como él es" (1 Jn. 3:2).

Esta son las túnicas que Juan narra que la iglesia viste en la cena de bodas del Cordero: "'Gocémonos y alegrémonos y démosle gloria; porque han llegado las bodas del Cordero, y su esposa se ha preparado. Y a ella se le ha concedido que se vista de lino fino, limpio y resplandeciente; porque el lino fino es las acciones justas de los santos" (Ap. 19:7-8).

El pequeño remanente en Sardis no había caído en impurezas paganas. No habían sucumbido a las costumbres pecaminosas. Estaban en una iglesia muerta pero espiritualmente se hallaban vivos. Y por su fidelidad caminarían con su Salvador en santidad eterna.

CONTABILIDAD DIVINA Y SEGURIDAD ETERNA

Cristo continúa con este tema en sus palabras a la audiencia más amplia de su carta: "El que venciere será vestido de vestiduras blancas" (Ap. 3:5). Promete que los creyentes fieles que perseveren hasta el final serán vestidos en la justicia del Señor, y un día serán hechos justos. Aquí no hay salvedades o condiciones; esta es la fiel promesa de Cristo para todos los que venzan (véase 1 Jn. 5:4-5) y permanezcan fieles a Él.

Es importante recordar eso, ya que algunos han malinterpretado el resto de la declaración de Cristo: "Y no borraré su nombre del libro de la vida, y confesaré su nombre delante de mi Padre, y delante de sus ángeles" (Ap. 3:5). Aunque Cristo promete *no* borrar los nombres de sus fieles, algunos interpretan el pasaje como que *podría* suceder, convirtiendo la promesa de Dios en una amenaza velada. Esa opinión errónea apela a Éxodo 32:33, donde "Jehová respondió a Moisés: Al que pecare contra mí, a éste raeré yo de mi libro".

En el mundo antiguo, los gobernantes de las ciudades tenían un censo, un registro de todos los nombres de sus habitantes. Como ciudadano, efectivamente había dos maneras en que el nombre de alguien podía ser borrado del libro mayor: morirse o cometer un delito contra el estado que hiciera perder la ciudadanía. El libro al que el Señor se refirió en Éxodo se parecía a eso: es una referencia a muerte física, no a condenación eterna.

Por otro lado, el libro de la vida mencionado en Apocalipsis es el libro de Dios en que lleva un registro de aquellos que tienen vida eterna. El apóstol Juan se refiere al libro como la lista de nombres "escritos en el libro de la vida del Cordero que fue inmolado desde el principio del mundo" (Ap. 13:8; véase también 17:8). Dios no añade ni quita nombres del libro de la vida; los nombres de sus creyentes fieles están escritos allí por la eternidad.

En la visión que tuvo Juan del juicio futuro del gran trono blanco, vemos el resultado final de la promesa de Cristo de mantener seguros nuestros nombres:

> Vi un gran trono blanco y al que estaba sentado en él, de delante del cual huyeron la tierra y el cielo, y ningún lugar se encontró para ellos. Y vi a los muertos, grandes y pequeños, de pie ante Dios; y los libros fueron abiertos, y otro libro fue abierto, el cual es el libro de la vida; y fueron juzgados los muertos por las cosas que estaban escritas en los libros, según sus obras. Y el mar entregó

> los muertos que había en él; y la muerte y el Hades entregaron los muertos que había en ellos; y fueron juzgados cada uno según sus obras. Y la muerte y el Hades fueron lanzados al lago de fuego. Esta es la muerte segunda. Y el que no se halló inscrito en el libro de la vida fue lanzado al lago de fuego (Ap. 20:11-15).

Cristo promete a cada uno de sus fieles vencedores: "Confesaré su nombre delante de mi Padre, y delante de sus ángeles" (3:5). Este es un eco de una promesa que Cristo hizo a sus discípulos en Mateo 10:32: "A cualquiera, pues, que me confiese delante de los hombres, yo también le confesaré delante de mi Padre que está en los cielos". No hay bendición mayor que la seguridad de nuestra salvación y una eternidad con nuestro Salvador.

En Romanos 8, Pablo relata la cadena irrompible de la obra de Dios en la salvación, y la tremenda seguridad que disfrutamos en Él:

> Y sabemos que a los que aman a Dios, todas las cosas les ayudan a bien, esto es, a los que conforme a su propósito son llamados. Porque a los que antes conoció, también los predestinó para que fuesen hechos conformes a la imagen de su Hijo, para que él sea el primogénito entre muchos hermanos. Y a los que predestinó, a estos también llamó; y a los que llamó, a estos también justificó; y a los que justificó, a estos también glorificó.
>
> ¿Qué, pues, diremos a esto? Si Dios es por nosotros, ¿quién contra nosotros? El que no escatimó ni a su propio Hijo, sino que lo entregó por todos nosotros, ¿cómo no nos dará también con él todas las cosas? ¿Quién acusará a los escogidos de Dios? Dios es el que justifica. ¿Quién es el que condenará? Cristo es el que murió; más aun, el que también resucitó, el que además está a la diestra de Dios, el que también intercede

> por nosotros. ¿Quién nos separará del amor de Cristo? ¿Tribulación, o angustia, o persecución, o hambre, o desnudez, o peligro, o espada? Como está escrito:
>
> Por causa de ti somos muertos todo el tiempo;
> Somos contados como ovejas de matadero.
>
> Antes, en todas estas cosas somos más que vencedores por medio de aquel que nos amó. Por lo cual estoy seguro de que ni la muerte, ni la vida, ni ángeles, ni principados, ni potestades, ni lo presente, ni lo por venir, ni lo alto, ni lo profundo, ni ninguna otra cosa creada nos podrá separar del amor de Dios, que es en Cristo Jesús Señor nuestro (vv. 28-39).

La carta de Cristo a la iglesia muerta en Sardis está llena de abundante esperanza para sus santos. Él promete vestirlos en el lino blanco de la vida eterna, no borrar sus nombres del libro de la vida, y confesarlos personalmente delante de su Padre y de toda la hueste celestial. Tales promesas se extienden a todos sus amados.

La carta del Señor a Sardis termina con su conocida orden al resto de su iglesia: "El que tiene oído, oiga lo que el Espíritu dice a las iglesias" (Ap. 3:6). Para los creyentes que escuchan hay maravillosas noticias.

Y la historia nos dice que la iglesia en Sardis estaba escuchando. Sabemos de un fiel pastor y apologista del siglo II llamado Melito. Algunos afirman que escribió el primer comentario sobre el Apocalipsis. Sirvió como obispo de Sardis, lo cual nos da una razón para esperar que vino avivamiento a la iglesia muerta. Parece que los creyentes despertaron y recordaron la verdad que habían recibido, y tal vez algunos de los muertos recibieron vida espiritual a través de arrepentimiento y fe.

Y podemos orar para que el Señor haga una obra similar de revivir, reformar y restaurar a muchas más iglesias muertas hoy día.

8

La iglesia fiel

FILADELFIA

No hay iglesias perfectas.

Eso no debería sorprender a los cristianos, pero a menudo los sorprende. Si somos sinceros en cuanto a nuestras faltas y deficiencias, sabemos que no somos perfectos; ningún creyente lo es. Ninguno de nosotros cumple la norma divina de santidad absoluta y total. Y como comunidad de cristianos imperfectos, la iglesia misma tampoco puede evitar ser imperfecta.

Al mismo tiempo, los creyentes debemos comprender que tampoco hay siempre una iglesia *mejor*. Demasiados cristianos han desarrollado tendencias nómadas cuando de una iglesia se trata. Miran inquietos por encima de la cerca para ver dónde podría parecer más verde el pasto. Algunos alternan constantemente entre congregaciones, buscando algo que no pueden encontrar. Tal vez un estilo diferente de reunión, mejor música, una ubicación más conveniente, o una congregación más próspera y activa. No todas las razones son egoístas o antibíblicas; algunas personas simplemente desean hallar un predicador más enérgico o más bíblico, o un mejor programa de escuela dominical para sus hijos.

Pero la incapacidad (o falta de voluntad) de tantos cristianos para comprometerse con una iglesia local y mantenerse fieles tiene un alto costo. ¿Cómo puede un pastor crecer en sus habilidades de pastorear si sus ovejas no se quedan? ¿Cómo mejora una iglesia su adoración, sus programas, o su administración si las personas con alguna aptitud en esas áreas de ministerio se van a iglesias que ya han resuelto tales aspectos? Más cristianos deben estar dispuestos a invertir en sus iglesias locales, buscar maneras de servir, sacrificarse y ser parte de la solución en lugar de escapar ante la primera señal de un problema.

Debemos estar agradecidos de que el Señor no es tan inconstante respecto a la iglesia. Él no niega su bendición a congregaciones imperfectas que luchan. No está interesado solo en las más populares y refinadas. En la carta a la iglesia en Filadelfia, lo que le importa a Dios es la *fidelidad*.

LA CIUDAD Y LA IGLESIA

La antigua ciudad de Filadelfia estaba localizada aproximadamente a cincuenta kilómetros al sureste de Sardis, en el valle del río Cogamis. Fundada menos de doscientos años antes del nacimiento de Cristo, fue llamada así por Átalo II, rey de Pérgamo, cuya lealtad a su hermano mayor y predecesor, el rey Eumenes, le hizo ganar el apodo de *Filadelfo* ("el que ama a su hermano").

La ciudad era rica en agricultura —particularmente sus viñedos— gracias a los depósitos de ceniza volcánica en la zona. Estaba asentada en el borde de una región conocida como la *Katakekaumene* (la "tierra quemada"). El suelo era fértil, pero tenía un costo: la zona era propensa a actividad sísmica volátil. El mismo terremoto que arrasó a Sardis en el año 17 d.C., también causó daños importantes en Filadelfia, que estaba más cerca del epicentro y sufrió años de réplicas. Sir William Ramsey explica que la experiencia dejó a la ciudad inquieta y asustada:

> Muchos de los habitantes permanecieron fuera de la

> ciudad, viviendo en chozas y cabañas sobre el valle, y los que fueron suficientemente temerarios (según la mente sobria) quedándose en la ciudad, ensayaron diversos mecanismos para apoyar y fortalecer paredes y viviendas contra los continuos sismos. El recuerdo de este desastre perduró mucho tiempo; el mismo nombre Katakekaumene era una advertencia perpetua; la gente vivía en medio de un peligro amenazante, temiendo siempre un nuevo desastre; y el hábito de salir a campo abierto probablemente no había desaparecido cuando se escribieron las siete cartas.[1]

Situada a lo largo de una importante ruta comercial, Filadelfia fue fundada como un faro de la cultura griega y el helenismo en Asia Menor. Resultó ser tan influyente que el griego reemplazó al lenguaje lidio por el año 19 d.C. La ciudad también mostró una fuerte lealtad a Roma. Al igual que Sardis, Filadelfia albergó un templo construido en honor del emperador Tiberio, una muestra de agradecimiento porque Roma ayudó a reconstruirla después del terremoto. Pero Filadelfia fue más allá en su devoción, cambiando su hombre a Neocesarea ("Nueva ciudad del César") durante algunos años, a fin de profesar su agradecimiento cívico. Hoy día es la ciudad turca de Alaşehir.

La Biblia no nos dice mucho acerca de la iglesia en Filadelfia. Al igual que las otras congregaciones en Asia Menor, es probable que fuera fundada durante el ministerio de Pablo en Éfeso (véase Hch. 19:10). Sabemos que Ignacio, padre de la iglesia primitiva, visitó a los creyentes en Filadelfia en el camino a su ejecución en Roma. Más tarde les escribió una misiva para animar y fortalecer la iglesia. La tradición nos relata que algunos de Filadelfia fueron martirizados en Esmirna junto con Policarpo. Y sabemos que la

---

1. William M. Ramsey, *The Letters to the Seven Churches of Asia* (Londres: Hodder & Stoughton, 1906), p. 397.

iglesia mantuvo una presencia en Filadelfia durante muchos siglos. Se cree que desapareció en el siglo XIV, mucho después que la influencia del islam dominara la región.

CRISTO EN TODA SU MAJESTAD

Al igual que su carta a la iglesia en Esmirna, las palabras del Señor a los creyentes en Filadelfia no contienen ningún reproche o condenación. Aquí no hay amenazas ni advertencias de juicio. La carta está libre de críticas de cualquier tipo. Al contrario, es una nota de elogio y alabanza por esta iglesia fiel y pequeña, y contiene algunas promesas de bendición divina venidera.

En su exilio en Patmos, el apóstol Juan escribió bajo la inspiración divina del Señor. Para identificar la autoría de la carta, Cristo mismo se describe como "el Santo, el Verdadero, el que tiene la llave de David, el que abre y ninguno cierra, y cierra y ninguno abre" (Ap. 3:7). Esta es la primera vez en la apertura de una carta que Cristo no recuerda la visión inicial que Juan tuvo de Él en Apocalipsis 1:12-17. En cambio, recurre a algunas frases e imágenes del Antiguo Testamento que afirman su deidad y describen su relación con la iglesia en Filadelfia.

La frase "el Santo" puede referirse solo a Dios. La santidad describe cuán separado es Dios del pecado; significa su perfección sin mancha. A lo largo de las Escrituras, la santidad de Dios se afirma y alaba constantemente. El salmista escribe: "Yo te alabaré con instrumento de salterio, oh Dios mío; tu verdad cantaré a ti en el arpa, oh Santo de Israel" (Sal. 71:22). En la visión del profeta Isaías, los ángeles claman: "Santo, santo, santo, Jehová de los ejércitos; toda la tierra está llena de su gloria" (Is. 6:3). Los cuatro seres vivientes alrededor del trono celestial proclaman perpetuamente: "Santo, santo, santo es el Señor Dios Todopoderoso, el que era, el que es, y el que ha de venir" (Ap. 4:8).

En el Nuevo Testamento, las referencias a la santidad de Cristo a menudo están vinculadas a su papel como Mesías. El ángel que anunció su nacimiento a María lo identificó como "el Santo Ser" (Lc. 1:35). A inicios del ministerio de Cristo, un demonio aterrado gritó en su presencia: "¿Qué tienes con nosotros, Jesús nazareno? ¿Has venido para destruirnos? Sé quién eres, el Santo de Dios" (Mr. 1:24). Los discípulos también afirmaron la santidad de Cristo. Pedro declaró: "Nosotros creemos y sabemos que tú eres el Santo de Dios" (Jn. 6:69, NTV). En su sermón en Hechos 3, Pedro reprendió a quienes pidieron la crucifixión de Cristo, manifestando: "Vosotros negasteis al Santo y al Justo, y pedisteis que se os diese un homicida" (v. 14).

La aseveración de Cristo respecto a su santidad en Apocalipsis 3 afirma su deidad como el Hijo de Dios y su humanidad como el Mesías. Lo une en carácter y naturaleza con el Padre, y significa su papel como Salvador encarnado para los creyentes en Filadelfia.

Esa pudo haber sido una introducción aterradora, porque la santidad no puede tolerar el pecado. La santidad no puede mirar la iniquidad o el mal. En 1 Pedro 1:15 se ordena a la iglesia: "Como aquel que os llamó es santo, sed también vosotros santos en toda vuestra manera de vivir". Pero este no era un preludio para el juicio. Al contrario, es el Santo mismo quien habla bien de la iglesia en Filadelfia.

Además de su santidad, Cristo escribe que Él es "el Verdadero" (Ap. 3:7). La palabra griega aquí (*alethinós*) no se refiere a una declaración verídica, sino más bien a Uno que es auténtico, en oposición a alguien que es un fraude. Habla de la pureza, fidelidad, credibilidad, confiabilidad y autenticidad de Cristo. Él es el Dios verdadero, no uno falso. Es el Señor santo y genuino, perfecto en justicia y veraz en su carácter y en todo lo que dice. Una vez más, es extraordinario que Él se presente de esta manera sin que declare después alguna condenación. Él es el Dios verdadero que no tiene lugar para error o falsedad, y no reprende a esta iglesia.

Cristo se identifica aún más en el versículo 7 como "el que tiene la llave de David, el que abre y ninguno cierra, y cierra y ninguno abre". En la Palabra de Dios, las llaves son emblemáticas de autoridad, control y soberanía. El lenguaje aquí es una referencia directa a Isaías 22:22 y la autoridad confiada al mayordomo del rey, Eliaquim: "Pondré la llave de la casa de David sobre su hombro; y abrirá, y nadie cerrará; cerrará, y nadie abrirá". Como mayordomo, Eliaquim determinaba quién sería admitido en la presencia del rey y quién sería rechazado. También controlaba el acceso al tesoro real y tenía autoridad para distribuir sus riquezas.

Aplicada a Cristo, esta es una referencia a su autoridad absoluta, especialmente sobre su reino mesiánico. Como Pedro declaró en Hechos 4:12: "En ningún otro hay salvación; porque no hay otro nombre bajo el cielo, dado a los hombres, en que podamos ser salvos". Solo Cristo determina quién tiene acceso a su reino eterno. Él es la autoridad definitiva sobre las riquezas del cielo y las distribuye según su soberana voluntad.

Anteriormente, en Apocalipsis 1:18, el Señor recordó al apóstol Juan: "Tengo las llaves de la muerte y del Hades". Ambas imágenes ilustran la autoridad soberana de Cristo tanto sobre la bendición eterna como sobre el juicio eterno. Así les dijo Cristo a sus discípulos: "Yo soy el camino, y la verdad, y la vida; nadie viene al Padre, sino por mí" (Jn. 14:6).

Este es el Señor Jesucristo en toda su majestad. Es santo y uno con el Padre. Es verdadero y no hay nadie más como Él. Es omnisciente, soberano y omnipotente, y las llaves de la bendición eterna le pertenecen solo a Él. Este es el Señor que mira la iglesia en Filadelfia y no encuentra nada por qué reprenderla, nada que condenar. Esto es maravilloso y compasivamente alentador, no porque sus miembros fueran perfectos (pues no lo eran) sino por ser fieles. Y el Señor y Cabeza de la iglesia bendice la fidelidad.

CUATRO CUALIDADES DE UNA IGLESIA FIEL

Cristo hizo algunas promesas magníficas a los creyentes en Filadelfia. Pero antes de considerar los frutos de su fidelidad que mostraban, debemos ver en primer lugar qué los caracterizó como fieles.

En Apocalipsis 3:8, el Señor escribe: "Yo conozco tus obras... tienes poca fuerza, has guardado mi palabra, y no has negado mi nombre". El santo, soberano y poderoso Señor sabe todo lo que hay que saber sobre esta iglesia. No especifica los detalles de las obras que hacían. Lo único que sabemos es que eran aceptables al Señor, ya que los afirma como una iglesia que bendice. Pero sí nos da algunos indicios de lo que caracterizaba a esta congregación fiel.

En primer lugar, Cristo dice: "Tienes poca fuerza". Esto no significa que era una iglesia débil, sino pequeña en número. Su fuerza no estaba limitada por pecado o falta de madurez espiritual; tenían "poca fuerza" porque eran una iglesia pequeña. También es posible, e incluso probable que la iglesia estuviera conformada por esclavos y creyentes pobres. Eso se ajustaría a lo que Pablo nos dice del diseño de Dios para la iglesia en general:

> Mirad, hermanos, vuestra vocación, que no sois muchos sabios según la carne, ni muchos poderosos, ni muchos nobles; sino que lo necio del mundo escogió Dios, para avergonzar a los sabios; y lo débil del mundo escogió Dios, para avergonzar a lo fuerte; y lo vil del mundo y lo menospreciado escogió Dios, y lo que no es, para deshacer lo que es, a fin de que nadie se jacte en su presencia (1 Co. 1:26-29).

Es más, la iglesia en Filadelfia podía decir confiadamente con Pablo: "Por amor a Cristo me gozo en las debilidades, en afrentas, en necesidades, en persecuciones, en angustias; porque cuando soy débil, entonces soy fuerte" (2 Co. 12:10).

La iglesia era pequeña y limitada en número, pero no en poder espiritual. Se deduce que eran verdaderos adoradores, auténticos amadores de Cristo, y fieles a la Palabra de Dios. Eso lo refuerza aún más la siguiente característica de su fidelidad.

El Señor escribe: "Has guardado mi palabra" (Ap. 3:8). Ellos estaban unidos por revelación divina. No se desviaron del sendero de la obediencia al Señor. Siguieron el ejemplo de Job, quien declaró: "Del mandamiento de sus labios nunca me separé; guardé las palabras de su boca más que mi comida" (Job 23:12).

Antes que fuera arrestado, Cristo resaltó a sus discípulos en varias ocasiones la importancia de la obediencia fiel: "El que tiene mis mandamientos, y los guarda, ése es el que me ama... El que me ama, mi palabra guardará... El que no me ama, no guarda mis palabras" (Jn. 14:21, 23-24). Más tarde esa noche, Jesús prometió: "Si guardareis mis mandamientos, permaneceréis en mi amor" (Jn. 15:10). En su primera epístola, Juan presenta la prueba de fuego de la fe salvadora: "En esto sabemos que nosotros le conocemos, si guardamos sus mandamientos. El que dice: Yo le conozco, y no guarda sus mandamientos, el tal es mentiroso, y la verdad no está en él; pero el que guarda su palabra, en éste verdaderamente el amor de Dios se ha perfeccionado" (1 Jn. 2:3-5). El amor de los discípulos por el Señor se prueba por la obediencia a su Palabra.

A los creyentes de Filadelfia también los caracterizaba la lealtad. Cristo les dice: "No has negado mi nombre" (Ap. 3:8), sugiriendo que estaban bajo presión para hacerlo. La iglesia en Pérgamo fue igualmente elogiada por su lealtad a Cristo: "Yo conozco tus obras, y dónde moras, donde está el trono de Satanás; pero retienes mi nombre, y no has negado mi fe, ni aun en los días en que Antipas mi testigo fiel fue muerto entre vosotros, donde mora Satanás" (2:13). Ambas iglesias enfrentaron la amenaza de persecución y no negaron el nombre del Señor. Fueron leales, independientemente de lo que les costara su lealtad. Al describir a los creyentes durante la tribulación que rechazan la marca de la bestia, Juan escribe: "Aquí está la paciencia de los santos, los que guardan los mandamientos de Dios y la fe de Jesús" (14:12). Los creyentes en Filadelfia no se intimidaron por la persecución. Permanecieron leales a Cristo, costara lo que costara.

Finalmente, el Señor dice que la iglesia en Filadelfia se caracterizaba por resistir. En Apocalipsis 3:10 les ordenó: "Has guardado la palabra de mi paciencia". Esto también indica que la iglesia enfrentaba persecución. Pero eso no era exclusivo a esta congregación particular; es la vida de todo cristiano. En Mateo 10:22, Jesús advirtió a sus discípulos: "Seréis aborrecidos de todos por causa de mi nombre; mas el que persevere hasta el fin, éste será salvo" (véase también Mt. 24:13). Cristo ordena a su pueblo soportar fielmente la intensa hostilidad del mundo. Como estímulo en esa lucha constante, Pablo escribió a otra iglesia: "El Señor encamine vuestros corazones al amor de Dios, y a la paciencia de Cristo" (2 Ts. 3:5). A través de prueba y persecución, estos fieles cristianos pacientemente soportaron y no flaquearon en su compromiso hacia Cristo.

Lo mismo hicieron los fieles en la iglesia en Filadelfia. El poder del Espíritu Santo estaba actuando en y a través de ellos, pues obedecieron la Palabra de Dios. Fueron leales a Cristo, aunque eran perseguidos y soportaron sufrimientos y hostilidad, demostrando su amor por Él. Tales fueron las cualidades que se unieron para crear fidelidad en estos miembros. Y esas siguen siendo las cualidades que toda iglesia debe cultivar para ser conocida como fiel por el Señor.

PROMESAS DIVINAS

Debido a su poder, obediencia, lealtad y resistencia, a la iglesia en Filadelfia se le dieron algunos privilegios incomparables. Vemos la primera de estas promesas divinas en Apocalipsis 3:8: "Yo conozco tus obras; he aquí, he puesto delante de ti una puerta abierta, la cual nadie puede cerrar; porque aunque tienes poca fuerza, has guardado mi palabra, y no has negado mi nombre". Esto se relaciona con lo que el Señor acaba de decir acerca de sí mismo en el versículo 7, que es "el que tiene la llave de David, el que abre y ninguno cierra, y cierra y ninguno abre". Esa fue una referencia a su control soberano sobre el acceso a su reino celestial. Como extensión de esa idea, esta es una promesa de que nadie puede cerrarles el cielo, y que su salvación está segura en Cristo. Bajo el peso aplastante de la persecución, no hay mayor consuelo que saber que nuestra fe, y por tanto nuestra eternidad, se mantienen firmes en las manos omnipotentes del Señor. Cristo mismo abre la puerta para que su pueblo entre a las bendiciones de su cielo, y no existe fuerza que pueda cerrarla.

Es probable que haya otro nivel para esta promesa. Cristo no solo abrió la puerta del cielo a los fieles de Filadelfia; les ha abierto la puerta para que ellos también lleven a otros al cielo. Cristo está hablando de la oportunidad del evangelio con que los ha bendecido. En las epístolas paulinas, una puerta abierta a menudo es referencia a una oportunidad evangelística. Pablo usó la expresión en sus dos cartas a los corintios: "Estaré en Éfeso hasta Pentecostés; porque se me ha abierto puerta grande y eficaz, y muchos son los adversarios" (1 Co. 16:8-9). "Cuando llegué a Troas para predicar el evangelio de Cristo... se me abrió puerta en el Señor" (2 Co. 2:12). Volvió a usarla en Colosenses 4:2-3: "Perseverad en la oración, velando en ella con acción de gracias; orando también al mismo tiempo por nosotros, para que el Señor nos abra puerta para la palabra".

Sin duda, la pequeña iglesia en Filadelfia tenía una puerta abierta, con personas que pasaban constantemente por la ciudad mientras viajaban por las antiguas rutas comerciales. La ciudad ya había influido mucho en la región con la cultura y el lenguaje griego. De igual forma, esta iglesia tuvo la oportunidad estratégica de llevar el evangelio a Asia Menor. Su fe sería recompensada con oportunidades de evangelizar a los incrédulos. Disfrutaría el privilegio de ser usada por Dios para llevar a otros al reino de su amado Hijo.

El Señor les hace una segunda promesa en Apocalipsis 3:9: "He aquí, yo entrego de la sinagoga de Satanás a los que se dicen ser judíos y no lo son, sino que mienten; he aquí, yo haré que vengan y se postren a tus pies, y reconozcan que yo te he amado". Cristo se refirió anteriormente a la sinagoga de Satanás en su carta a Esmirna (Ap. 2:9). Al igual que los creyentes allí, la iglesia en Filadelfia enfrentó fuerte oposición de los judíos locales. A lo largo del Nuevo Testamento, los dirigentes religiosos de Israel intentaron detener la extensión del evangelio. Odiaban a Cristo y a cualquiera que lo aceptara como el Mesías. Al oponerse al evangelio estaban haciendo la obra del diablo. Cristo los confrontó en ese mismo aspecto en el Evangelio de Juan: "Vosotros hacéis las obras de vuestro padre... Vosotros sois de vuestro padre el diablo" (Jn. 8:41, 44). Ya vimos cómo acosaron a los apóstoles en los primeros días de la iglesia. Aquí, al final del primer siglo, la relación no había mejorado.

Cristo afirma que estos perseguidores "se dicen ser judíos y no lo son". Pablo hizo similares declaraciones en Romanos: "No es judío el que lo es exteriormente, ni es la circuncisión la que se hace exteriormente en la carne; sino que es judío el que lo es en lo interior, y la circuncisión es la del corazón, en espíritu, no en letra; la alabanza del cual no viene de los hombres, sino de Dios" (Ro. 2:28-29). Ser cultural y racialmente judío no tenía valor salvador para estos adversarios del evangelio. Mantener la ley ceremonial no cambió el hecho de que hubieran rechazado a Cristo. Físicamente eran descendientes de Abraham, pero no formaban parte del pueblo de Dios. Pablo lo expresa resumidamente: "No todos los que descienden de Israel son israelitas" (Ro. 9:6).

Increíblemente, Cristo promete a la iglesia en Filadelfia: "Yo haré que vengan y se postren a tus pies, y reconozcan que yo te he amado" (Ap. 3:9). Esa es la posición de un enemigo derrotado y humillado, y es precisamente lo que indica esta promesa. Isaías profetiza reiteradamente de una humillación similar para los enemigos de Dios en el futuro reino mesiánico:

> El trabajo de Egipto, las mercaderías de Etiopía, y los sabeos, hombres de elevada estatura, se pasarán a ti y serán tuyos; irán en pos de ti, pasarán con grillos; te harán reverencia y te suplicarán diciendo: Ciertamente en ti está Dios, y no hay otro fuera de Dios (Is. 45:14).

> Reyes serán tus ayos, y sus reinas tus nodrizas; con el rostro inclinado a tierra te adorarán, y lamerán el polvo de tus pies; y conocerás que yo soy Jehová, que no se avergonzarán los que esperan en mí (Is. 49:23).

> Vendrán a ti humillados los hijos de los que te afligieron, y a las pisadas de tus pies se encorvarán todos los que te escarnecían, y te llamarán Ciudad de Jehová, Sion del Santo de Israel (Is. 60:14).

Esta no es solo una promesa de que los cristianos de Filadelfia prevalecerán sobre sus perseguidores. Es una promesa de que algunos de esos mismos perseguidores *llegarán a la salvación por medio de la fe en el Cristo al que una vez se opusieron*. Serán humillados delante de la iglesia porque comprenderán que el amor de Dios no está limitado a Israel. Reconocerán que no hay otro nombre por el cual puedan ser salvos, y pondrán su confianza solo en Cristo. Este es un anticipo del día en que "todo Israel será salvo" (Ro. 11:26). Por medio de Zacarías, el Señor declara: "Derramaré sobre la casa de David, y sobre los moradores de Jerusalén, espíritu de gracia y de oración; y mirarán a mí, a quien traspasaron, y llorarán como se llora por hijo unigénito, afligiéndose por él como quien se aflige por el primogénito" (Zac. 12:10). Los creyentes en Filadelfia pudieron soportar el escarnio de los judíos, sabiendo que en poco tiempo algunos de sus perseguidores serían creyentes en el Señor.

LIBERACIÓN PARA TODA LA IGLESIA

Cristo entrega una tercera promesa en su carta a Filadelfia, diciendo: "Por cuanto has guardado la palabra de mi paciencia, yo también te guardaré de la hora de la prueba que ha de venir sobre el mundo entero, para probar a los que moran sobre la tierra. He aquí, yo vengo pronto" (Ap. 3:10-11). Si esta promesa se refiere a un acontecimiento histórico real, no sabemos cuál fue. Es totalmente posible que hubiera una oleada de persecución o un desastre natural que ocurriera en la zona, o alguna otra catástrofe durante la cual el Señor protegió y preservó esta iglesia. Pero si la promesa fue para un momento específico de prueba que enfrentó la iglesia en Filadelfia, no sabemos cuándo ocurrió.

Sin embargo, el lenguaje que Cristo usa aquí es extenso y amplio, señalando un cumplimiento más allá de los creyentes en Filadelfia. Muchos creen que este es el Espíritu Santo dándonos un vistazo a través de la historia redentora hacia una época de juicio severo, que las palabras del Señor aquí se refieren al arrebatamiento.

En 1 Corintios 15:51-53, Pablo describe ese hecho futuro cuando Cristo llevará a su iglesia de la tierra al cielo: "He aquí, os digo un misterio: No todos dormiremos; pero todos seremos transformados, en un momento, en un abrir y cerrar de ojos, a la final trompeta; porque se tocará la trompeta, y los muertos serán resucitados incorruptibles, y nosotros seremos transformados. Porque es necesario que esto corruptible se vista de incorrupción, y esto mortal se vista de inmortalidad". En el aposento alto, Cristo les dijo a sus discípulos: "No se turbe vuestro corazón; creéis en Dios, creed también en mí. En la casa de mi Padre muchas moradas hay; si así no fuera, yo os lo hubiera dicho; voy, pues, a preparar lugar para vosotros. Y si me fuere y os preparare lugar, vendré otra vez, y os tomaré a mí mismo, para que donde yo estoy, vosotros también estéis. Y sabéis a dónde voy, y sabéis el camino" (Jn. 14:1-4).

Ambos pasajes describen, no una sentencia de juicio, sino a Cristo liberando a su pueblo del mundo, llevándolos a la gloria: el arrebatamiento (o rapto) de los santos. En 1 Tesalonicenses 4:13-18, Pablo describe este suceso como un estímulo para quienes lloran la muerte de otros creyentes:

> Tampoco queremos, hermanos, que ignoréis acerca de los que duermen, para que no os entristezcáis como

> los otros que no tienen esperanza. Porque si creemos que Jesús murió y resucitó, así también traerá Dios con Jesús a los que durmieron en él. Por lo cual os decimos esto en palabra del Señor: que nosotros que vivimos, que habremos quedado hasta la venida del Señor, no precederemos a los que durmieron. Porque el Señor mismo con voz de mando, con voz de arcángel, y con trompeta de Dios, descenderá del cielo; y los muertos en Cristo resucitarán primero. Luego nosotros los que vivimos, los que hayamos quedado, seremos arrebatados juntamente con ellos en las nubes para recibir al Señor en el aire, y así estaremos siempre con el Señor. Por tanto, alentaos los unos a los otros con estas palabras.

Aunque es innegable en la Biblia que el arrebatamiento ocurrirá, los creyentes están divididos sobre cuándo ocurrirá en relación a otros hechos escatológicos, específicamente la época de tribulación. En Mateo 24:21, Cristo advierte a sus discípulos: "Habrá entonces gran tribulación, cual no la ha habido desde el principio del mundo hasta ahora, ni la habrá". La tribulación es un período de siete años, caracterizado por el reinado del anticristo y una serie de juicios catastróficos derramados por Dios, incluidos los de los sellos, las trompetas y las copas (Ap. 6—16). Es un período de historia escatológica que precede inmediatamente el regreso del Señor para juzgar a los pecadores con muerte e infierno, y luego establecer su reino milenial en la tierra.

En cuanto al tiempo del arrebatamiento con relación a la tribulación, hay varias ideas arraigadas. Algunos creen en el *postribulacionismo*: que la iglesia soportará la tribulación y será arrebatada del mundo inmediatamente antes del regreso del Señor para juzgar al mundo y establecer su reino terrenal con los creyentes vivos. Otros creen en el *mesotribulacionismo*: que el Señor arrebatará a su iglesia en medio de la tribulación antes que la plenitud de la ira de Dios se derrame en los últimos tres años y medio. También hay el punto de vista *pre-ira*, que señala un arrebatamiento en algún momento después del punto medio de la tribulación, pero antes del final derramamiento de la ira divina al final de la tribulación. El otro punto de vista, para el cual Apocalipsis 3:10 sirve como apoyo crítico, es conocido como *pretribulacionismo*.

En este punto de vista, las palabras de Cristo en el versículo 10 son una promesa de que rescatará a toda su iglesia "de la hora de la prueba [tribulación] que ha de venir sobre el mundo entero, para probar a los que moran sobre la tierra". La frase fundamental en el griego original es *teréo ek* ("quitar de"). Los pretribulacionistas ven esto como una promesa de que Dios librará, o alejará, de su ira a la iglesia (véase 1 Ts. 1:9-10). Los proponentes de los otros puntos de vista interpretan esto como una promesa de que Dios preservará a su iglesia *a través* del arrebatamiento, o al menos en partes. Hay algunas razones convincentes para entender Apocalipsis 3:10 desde la perspectiva pretribulacionista.

Antes que nada, la otra ocasión en que la frase griega *teréo ek* aparece en las Escrituras es en Juan 17:15. Durante su oración sacerdotal, el Señor suplica: "No ruego que los quites del mundo, sino que los guardes del mal". Cristo no oró porque su pueblo simplemente *resistiera los ataques del poder de Satanás*, sino para que se *mantuviera* totalmente fuera de su alcance. En ambos casos, Juan es el autor que cita directamente de Cristo, no hay razón convincente para interpretarlos con dos significados diferentes.

Luego están las implicaciones de dilucidar esto como una promesa de preservación en vez de eliminación. Para empezar, la Biblia nos dice que durante la tribulación los creyentes sufrirán y serán asesinados por su fe (véase Ap. 6:9-11; 7:9-14). ¿En qué sentido entonces, guardaría el Señor del tiempo de prueba a los suyos, si están masacrándolos y sometiéndolos a los horrores de ese período? Si solo se trata de una promesa de protección de su propia ira, pero no de la ira de Satanás, los demonios del infierno, el anticristo, y el sistema mundial impenitente, eso no parece ningún consuelo. Además, si la intención aquí es que Dios simplemente preservará a su iglesia *durante* la tribulación, ¿cómo se aplican estas palabras a los creyentes en Filadelfia, que murieron mucho antes que esto ocurriera?

La comprensión más aceptable de Apocalipsis 3:10 es una compasiva promesa del Señor para su iglesia fiel: que debido a la perseverancia en obedecerle será protegida de la furia del juicio temporal derramado sobre la tierra durante la tribulación.

En ese sentido, las palabras de Cristo en el versículo 11 ("vengo pronto") no pretenden ser una advertencia de juicio, como han sido para otras iglesias (2:5, 16, 25; 3:3). Al contrario, son una mirada esperanzada para el momento en que Él salvará a los suyos del mundo. Y deberíamos responder a esa gloriosa esperanza repitiendo la petición de Juan al final del Apocalipsis: "Amén; sí, ven, Señor Jesús" (22:20).

LA CORONA Y LA COLUMNA

Mientras tanto, Cristo advierte a su pueblo: "Retén lo que tienes, para que ninguno tome tu corona" (Ap. 3:11). "Retén lo que tienes" es un llamado a perseverar. Ya hemos visto que perseverancia es la prueba de auténtica fe y salvación (véase Mt. 24:13; 1 Jn. 2:19). Pero la perseverancia no es pasiva. Pablo explica en su carta a los Colosenses cómo el Señor obra a través de la fe de su pueblo para defenderlo por la eternidad: "Ahora os ha reconciliado en su cuerpo de carne, por medio de la muerte, para presentaros santos y sin mancha e irreprensibles delante de él; si en verdad permanecéis fundados y firmes en la fe, y sin moveros de la esperanza del evangelio que habéis oído" (Col. 1:22-23). Debemos aferrarnos a Cristo, incluso mientras Él nos sostiene.

La frase "para que ninguno tome tu corona" no es una amenaza de que alguien podría robar la salvación del creyente. Pedro escribe que nuestra herencia eterna es "incorruptible, incontaminada e inmarcesible" (1 P. 1:4). Cristo mismo declaró: "Yo les doy vida eterna; y no perecerán jamás, ni nadie las arrebatará de mi mano. Mi Padre que me las dio, es mayor que todos, y nadie las puede arrebatar de la mano de mi Padre" (Jn. 10:28-29). Si esta es una referencia a la corona de vida, la misma que Cristo prometió a la iglesia en Esmirna, no hay nada que alguien pueda hacer para robarla. Solo podría perderse si el creyente no persevera, demostrando en primera instancia que nunca fue realmente salvo (véase 1 Jn. 2:19).

Por otro lado, podría ser una advertencia a los creyentes de no permitir que otros dañen o disminuyan su recompensa eterna. Así instó Juan a sus lectores en su segunda epístola: "Mirad por vosotros mismos, para que no perdáis el fruto de vuestro trabajo, sino que recibáis galardón completo" (2 Jn. 8). Tal vez este fue un recordatorio de no permitir que las preocupaciones temporales roben a los creyentes la recompensa eterna por su fidelidad.

Con recompensas eternas en mente, Cristo tiene algunas promesas para los vencedores (véase 1 Jn. 5:4-5). Él escribe: "Al que venciere, yo lo haré columna en el templo de mi Dios, y nunca más saldrá de allí; y escribiré sobre él el nombre de mi Dios, y el nombre de la ciudad de mi Dios, la nueva Jerusalén, la cual desciende del cielo, de mi Dios, y mi nombre nuevo" (Ap. 3:12).

¿Qué significa ser "columna en el templo de mi Dios"? Las columnas representan permanencia y estabilidad. Para la gente cuyos hogares y vidas eran frecuentemente devastados por terremotos, esta era una promesa de un lugar inquebrantable e inamovible para ellos en el santuario eterno del Señor, un lugar del que Él "nunca más saldrá de allí". Vivirán perpetuamente en la presencia de la adoración de Dios. Pero hay más. Cristo también promete: "Escribiré sobre él el nombre de mi Dios". Este es el equivalente de propiedad y posesión. Por toda la eternidad llevaremos el nombre de nuestro Señor, el cual nos marcará como sus hijos preciosos. Cristo afirma que también escribirá en nosotros "el nombre de la ciudad de mi

Dios, la nueva Jerusalén, la cual desciende del cielo, de mi Dios". No seremos diseñados solo como pertenecientes a Dios, sino también como ciudadanos eternos de la nueva Jerusalén (véase Ap. 21). Disfrutaremos para siempre de todos los derechos y privilegios de la ciudadanía en la ciudad eterna de Dios.

Finalmente, Cristo dice que escribirá en nosotros su "nombre nuevo". Filipenses 2:9 nos dice: "Dios también le exaltó hasta lo sumo, y le dio un nombre que es sobre todo nombre". El nombre nuevo de Cristo reflejará la perfección de nuestra relación glorificada con Él, cuando "le veremos tal como él es" (1 Jn. 3:2).

El Señor termina con el conocido recordatorio: "El que tiene oído, oiga lo que el Espíritu dice a las iglesias" (Ap. 3:13). En el caso de su carta a Filadelfia, lo que oímos son las bendiciones eternas y los privilegios celestiales que el Señor otorgará, no a quienes han sido perfectos sino a aquellos que por el poder de Cristo han sido fieles.

9

La iglesia tibia
LAODICEA

¿Quién es la persona más difícil de alcanzar con el evangelio? ¿El ateo? De ninguna manera es fácil predicar el evangelio a alguien que rechaza la existencia de Dios, junto con su ley moral, su soberanía sobre la creación y su autoridad para castigar el pecado. Convencer al ateo de que hay un Dios y que su ley se aplica a él es definitivamente una ardua batalla.

¿Quizás sea el fanático religioso? Alguien impregnado de enseñanza falsa, entrenado en la apologética de su fe y preparado para debatir y defenderse contra la verdad del evangelio. Es sumamente difícil penetrar décadas de falsa religión y hacer brillar la luz de la verdad de Dios en un corazón dedicado a tinieblas espirituales.

¿O podría ser el agnóstico postmoderno el adversario más difícil del evangelio? Con una visión sesgada del mundo que rechaza la misma noción de la verdad establecida, objetiva, autoritativa y conocible, apenas hay suficiente fundamento filosófico para comenzar una conversación. Las oportunidades del evangelio son pocas y lejanas entre oponentes tan acérrimos de la verdad absoluta.

No obstante, cierta clase de incrédulos es más difícil de alcanzar con el evangelio que otros. Peor que cualquier rechazador declarado y abierto de la Palabra de Dios es el hipócrita legalista que cree que no necesita el evangelio. Cree que por su religión o moralidad está en el lado bueno de Dios. Nada es más espiritualmente muerto que la falsa seguridad de salvación. Nada inocula más rápidamente a un pecador contra la obra del Espíritu a través de su conciencia que la suposición errónea de que sus pecados ya han sido perdonados.

La iglesia de hoy está llena de hombres y mujeres que nunca se han arrepentido y han creído para salvación en el Señor, pero que, no obstante, están convencidos de que están bien con Dios y que no sufrirán su juicio. Algunas de estas personas se sientan semana tras semana bajo la enseñanza de la Palabra de Dios, indiferentes a su verdad e inconscientes de la verdadera condición de sus corazones. No creen que permanezcan perdidos en sus pecados. No hay mucho que se pueda decir o hacer para convencerlos de su necesidad del Salvador.

Como veremos, ese era el estado de la iglesia en Laodicea. Con relación a la última carta del Señor a las iglesias en el Apocalipsis, Juan Stott escribió: "Quizás ninguna de las siete cartas sea más apropiada para la iglesia del siglo XX que esta. Describe vívidamente la religiosidad respetable, sentimental, nominal y superficial tan extendida entre nosotros hoy día. Nuestra cristiandad es flácida y anémica. Parece como si hubiéramos tomado un baño tibio de religión".[1]

La realidad es que la mayoría de nosotros pasamos todos los días por iglesias como la de Laodicea: iglesias vacías de santos, pero llenas de pecadores autoengañados que son totalmente ajenos a la amenaza del juicio de Dios. Estos hombres y mujeres no tienen esperanza del cielo. Su actividad religiosa es una hipocresía inútil. Es necesario llamarlos al arrepentimiento y a creer. La última carta de Cristo

---

1. John R. W. Stott, *What Christ Thinks of the Church* (Grand Rapids: Eerdmans, 1980), p. 116.

es un poderoso recordatorio de que hay un enorme y difícil campo misionero oculto a plena vista en las bancas de la iglesia.

NO BEBA EL AGUA

Fundada más de doscientos cincuenta años antes del nacimiento de Cristo, Laodicea era la última ciudad a lo largo de la antigua ruta postal de Asia Menor. Una de tres ciudades en el valle del río Lico, junto con Hierápolis (a diez kilómetros al norte) y Colosas (a dieciséis kilómetros al este), estaba ubicada aproximadamente a setenta y cinco kilómetros al sureste de Filadelfia. Fundada por Antíoco II y llamada así en honor a su esposa (de quien más tarde se divorció), Laodicea estaba asentada en la intercesión de dos importantes rutas comerciales. El camino que iba de norte a sur conectaba Pérgamo al mar Mediterráneo. El camino que iba de este a oeste llegaba desde Éfeso hasta las regiones interiores de Asia Menor.

Como resultado, Laodicea era un importante centro comercial y mercantil. Se especializaba en la producción de lana suave y negra, utilizada para fabricar ropa y alfombras lujosas. Los historiadores indican que Laodicea era una ciudad rica y próspera, y un centro de operaciones bancarias para la región. A diferencia de muchas de sus comunidades vecinas, rechazaron la ayuda de Roma para reconstruir la ciudad después de un terremoto en el año 60 d.C., prefiriendo cubrir ellos mismos el considerable costo. El historiador romano Tácito escribió: "Una de las ciudades famosas de Asia, Laodicea, ese mismo año fue destruida por un terremoto, y sin ninguna ayuda de nosotros, se recuperó con sus propios recursos".[2] La ciudad también era líder en medicina antigua. Una escuela médica en la región había desarrollado un colirio que se vendía por todo el mundo grecorromano. Todas esas tres industrias notables aparecen brevemente en la carta de Cristo a la iglesia.

---

2. Alfred John Church y William Jackson Brodribb, trans., *Annals of Tacitus*, xiv:27 (Nueva York: Macmillan, 1895), p. 268.

A pesar de toda la riqueza y prominencia de la ciudad, tenía una importante y desagradable falla en el suministro de agua. La cercana Hierápolis era conocida en toda la región por sus aguas termales naturales, que siguen siendo una atracción turística hasta el día de hoy. Colosas tenía un arroyo perennemente frío y natural. Pero las fuentes de agua más cercanas a Laodicea estaban demasiado contaminadas o eran intermitentes. Para resolver el problema, construyeron un acueducto subterráneo que proporcionaba agua a la ciudad. Sin embargo, viajar por lo menos ocho kilómetros a través de tubería de piedra y arcilla hacía que el agua se ensuciara y fuera desagradable. Llegaba tibia y sucia a la torre central de agua de la ciudad, oliendo mal y con peor sabor. De las ruinas que quedan está claro que el agua contenía significativas cantidades de carbonato de calcio y otras impurezas. (Esas ruinas están ubicadas en la aldea de Eskihisar, cerca de la ciudad de Denizli en Turquía).

También sabemos que la ciudad albergaba una numerosa población judía. En el año 62 a.C., el gobernador Lucio Valerio Flaco detuvo la exportación de oro de la ciudad. Pero los judíos siempre pagaban su impuesto de siclo del templo de Jerusalén con oro recolectado de todas partes de la ciudad, el cual enviaban en un solo pago. Cuando intentaron desafiar la orden y enviar el oro en secreto, fue confiscado. La cantidad incautada indica que había miles de familias judías viviendo en la ciudad.

> [Flaco] decomisó como contrabando no menos de veinte libras de peso en oro en el solo distrito del que Laodicea era la capital. Calculado a razón de medio siclo por cada hombre, esta cantidad representa una población de más de once mil adultos libres, porque las mujeres, los niños y los esclavos estaban exentos. No obstante, es necesario recordar que esta fue únicamente la suma que los funcionarios romanos lograron detectar y confiscar, por lo que es probable que la población

> judía total fuera mucho más grande de lo que sugiere este cálculo parcial.[3]

Con relación a la iglesia en Laodicea, la Biblia no nos dice cuándo fue fundada. Probablemente fue parte del fruto del ministerio de Pablo en Éfeso (Hch. 19:10), pero también pudieron haberla fundado creyentes de la cercana Colosas. Sabemos que no fue fundada por el mismo Pablo, porque él menciona a los creyentes en Laodicea junto con "todos los que nunca han visto mi rostro" en Colosenses 2:1. Las Escrituras sugieren que Epafras (Col. 1:7) y Arquipo (4:17) pudieron haber sido en algún momento líderes en la iglesia. Lo que sí sabemos es que había una relación entre las iglesias de Colosas y Laodicea. Al final de su epístola a los Colosenses, Pablo escribe: "Saludad a los hermanos que están en Laodicea, y a Ninfas y a la iglesia que está en su casa. Cuando esta carta haya sido leída entre vosotros, haced que también se lea en la iglesia de los laodicenses, y que la de Laodicea la leáis también vosotros" (4:15-16). Es posible que la misma falsa enseñanza que Pablo enfocó en su carta a los Colosenses también hubiera asolado a la iglesia en Laodicea con influencia mortal.

Con base en cómo el Señor se describe en su carta a esta iglesia, eso parece probable.

DESCRÉDITO DE LA CRISTOLOGÍA HERÉTICA

En Apocalipsis 3:14, el Señor se identifica como "el Amén, el testigo fiel y verdadero, el principio de la creación de Dios". Por segunda vez, Cristo se separa de su patrón de referencia a las imágenes de la visión inicial de Juan en Patmos (Ap. 1:9-20). Es más, aquí no hay imágenes en absoluto. Él simplemente afirma ser "el Amén". La palabra *amén* se usa a menudo en la Biblia para afirmar la veracidad

3. J. B. Lightfoot, *Saint Paul's Epistles to the Colossians and to Philemon* (Londres: Macmillan, 1879), pp. 20-21.

de una declaración. Es una garantía verbal de que lo que se ha dicho es verdad. Tiene el mismo significado básico de la frase "en verdad, en verdad" o "de cierto, de cierto" que aparece antes de muchas declaraciones de Cristo. *De cierto* al principio de una declaración afirma la verdad de lo que está a punto de expresarse. Un *amén* al final sella la veracidad y certeza de la declaración.

Este es el único lugar en las Escrituras donde la palabra sirve como título para Cristo. Podría ser una referencia a Isaías 65:16, que dos veces se refiere al "Dios de verdad". No puede haber duda de que el título también se aplica a nuestro Señor, ya que Él es el *Amén* firme, fiel e inmutable.

Pero este no es solo un comentario sobre la veracidad del Señor y sus promesas. En 2 Corintios 1:20, Pablo escribe: "Todas las promesas de Dios son en él Sí, y en él Amén, por medio de nosotros, para la gloria de Dios". Cristo mismo es el cumplimiento de todas las promesas de Dios. Toda promesa de gracia y bendición, todo pacto de paz y perdón se validan en la persona y obra de Jesucristo. Todo el Antiguo Testamento señala hacia Él, ya que logra y garantiza todos los pactos de Dios con su pueblo. Él es el Amén de Dios, Aquel que confirma todas las promesas divinas.

Cristo también se identifica como "el testigo fiel y verdadero" (Ap. 3:14). No solo valida lo que Dios ha dicho y prometido, sino que también todo lo que dice es verdad. Sus palabras siempre son fieles y verdaderas. Él es totalmente confiable y perfectamente exacto. En palabras de Juan 14:6, Cristo es "el camino, y *la verdad*, y la vida".

Cuando Cristo habla en nombre de Dios, su testimonio siempre es verdadero. Jesús es el Amén de Dios, la viva verificación, validación y confirmación de cada promesa que el Señor hizo alguna vez, cada plan que estableció, y cada pacto que instituyó. Más allá de eso, todo lo que Él dice y hace es sincero y verdadero. Al inicio de su carta a Laodicea, Cristo establece que la verdad misma es crítica, y que habla con absoluta exactitud y claridad respecto a la condición espiritual de ellos.

Hay una tercera frase que Cristo usa para identificarse en el versículo 14: Él es "el principio de la creación de Dios". Algunas traducciones eclipsan el significado de las palabras del Señor aquí en ambigüedad engañosa. Muchos falsos maestros han intentado utilizar este versículo para negar la deidad de Cristo, asegurando que es simplemente un ser creado como el resto de nosotros. Esa cristología pervertida es fundamental para la mayoría de las sectas y falsas religiones modernas. Se trata de una mentira antigua que se remonta a los primeros días de la iglesia. Es más, Pablo escribió su epístola a los Colosenses para protegerlos de sucumbir a una presión similar de herejía. Con relación a la deidad de Cristo, el apóstol escribió:

> Él es la imagen del Dios invisible, el primogénito de toda creación. Porque en él fueron creadas todas las cosas, las que hay en los cielos y las que hay en la tierra, visibles e invisibles; sean tronos, sean dominios, sean principados, sean potestades; todo fue creado por medio de él y para él. Y él es antes de todas las cosas, y todas las cosas en él subsisten; y él es la cabeza del cuerpo que es la iglesia, él que es el principio, el primogénito de entre los muertos, para que en todo tenga la preeminencia; por cuanto agradó al Padre que en él habitase toda plenitud (Col. 1:15-19).

La palabra traducida como "primogénito" en Colosenses 1:15 es *prototókos*. No solo significa mera cronología, sino preeminencia y supremacía. Del mismo modo, la palabra griega traducida en Apocalipsis 3:14 como "principio" (*arjé*) no identifica ambiguamente a Cristo como parte de la creación, sino más bien como su *origen*. Juan afirmó esta verdad en su evangelio: "Todas las cosas por él fueron hechas, y sin él nada de lo que ha sido hecho, fue hecho" (Jn. 1:3; véase también He. 1:2). Cristo no es otro ser creado, sino el Creador, el Autor de toda vida física y espiritual.

Es probable que la misma enseñanza falsa que amenazaba la iglesia en Colosas hubiera llegado a Laodicea. Ese punto de vista hereje de Cristo pudo haber sido la causa de la apostasía y decadencia espiritual de la iglesia en Laodicea. Como iglesia no regenerada, no creían que Cristo fuera el *arjé*, iniciador y originador de la vida y de todo lo que existe. Negaban que fuera la fuente no creada del cosmos. No creían que Él fuera "el Alfa y la Omega" (Ap. 1:8), el supremo Creador soberano y Consumador de todas las cosas.

Al igual que muchas iglesias no regeneradas, los laodicenses tenían una visión distorsionada de Cristo. Su herejía no era diferente de la de la Iglesia Mormona, los Testigos de Jehová, o cualquiera de las iglesias liberales de hoy que rechazan la Biblia y deidad de Cristo. Desde el comienzo, la carta de Cristo a Laodicea demuestra que la iglesia había errado desastrosamente en cristología, y sus creencias blasfemas ofendían gravemente al Señor. Para poner al descubierto y combatir la herejía en Laodicea, Jesús brinda una poderosa declaración teológica que afirma su deidad y autoridad, incluso sobre esta iglesia apóstata y no regenerada: Él es el Señor que creó todo, el Testigo fiel y verdadero de la Palabra de Dios, y Aquel en quien se cumplieron todas las promesas espirituales. Y como tal exige ser adorado.

La carta a la iglesia en Laodicea ilustra poderosamente los fatales y horribles efectos espirituales de pervertir la verdad concerniente a la persona y obra de Cristo.

CAUSANTES DE ARCADAS DIVINAS

Laodicea tiene la macabra distinción de ser la única iglesia a la que Cristo no dice absolutamente nada bueno. No hay características redentoras que declarar acerca de alguien en esta congregación. Al parecer ya no había trigo, solo cizaña. El Señor no ofrece más que una fuerte condenación para esta iglesia no regenerada, diciendo: "Yo conozco tus obras, que ni eres frío ni caliente. ¡Ojalá fueses frío o caliente! Pero por cuanto eres tibio, y no frío ni caliente, te vomitaré de mi boca" (Ap. 3:15-16). Esta es una declaración directa y llamativa. En efecto, Él afirma: "Te conozco. Sé lo que eres. Eres tibia. Haces que den ganas de vomitar".

Esta habría sido una condenación particularmente vívida para los ciudadanos de Laodicea. Su agua no era caliente como la de Hierápolis, ni fría y clara como el arroyo que alimentaba Colosas. En cambio, el agua en Laodicea era sucia, tóxica y tibia. Al fluir a través de kilómetros de sucias tuberías de arcilla y piedra, se contaminaba y era repugnante e incapaz de calmar la sed o restaurar las fuerzas. Literalmente, era nauseabunda. Con imágenes que al instante todos los residentes en Laodicea habrían comprendido, el Señor dio una asombrosa reprensión para la iglesia allí: Me das nauseas.

Cristo dice: "¡Ojalá fueses frío o caliente!" (v. 15). Las personas espiritualmente calientes están vivas y fervientes en su amor por el Señor. Muestran la obra transformadora del Espíritu, y pasión por alcanzar a los perdidos con el evangelio. Por otro lado, las espiritualmente frías rechazan de plano la verdad de la Palabra de Dios y la salvación a través del Hijo. Están espiritualmente adormecidas y muertas, sin ningún interés en Cristo o su iglesia.

Los tibios en Laodicea caían directamente en el medio. No podían ser calientes porque aún no estaban regenerados. Pero tampoco calificaban como fríos, porque públicamente no habían rechazado la verdad. En cambio, eran hipócritas piadosos que afirmaban amar al Señor mientras en privado se aferraban a un falso Cristo y un falso evangelio. Mantenían un espectáculo externo de fe y devoción al Señor, pero al igual que los fariseos, la suya era una religión de autosatisfacción y santurronería. En su segunda carta a Timoteo, Pablo describió a los tibios como los "que tendrán apariencia de piedad, pero negarán la eficacia de ella" (2 Ti. 3:5). El Señor advirtió a sus discípulos el horripilante futuro que espera a tales farsantes espirituales: "Muchos me dirán en aquel día: Señor, Señor, ¿no profetizamos en tu nombre, y en tu nombre echamos fuera demonios, y en tu nombre hicimos muchos milagros? Y entonces les declararé: Nunca os conocí; apartaos de mí, hacedores de maldad" (Mt. 7:22-23).

Tales congregaciones hipócritas siempre han existido a lo largo de la historia de la iglesia, llenas de individuos inconversos y no arrepentidos que predican todo tipo de falsas doctrinas y opiniones erróneas acerca de Cristo. *Repugnan* al Señor. Esa es una reacción más visceral que hemos visto de Cristo cuando confronta a las otras iglesias de Asia Menor. Estaba desilusionado con la iglesia en Éfeso que había abandonado su primer amor. Su ira ardió contra las iglesias que habían hecho concesiones con el mundo, invitando la corrupción en medio de ellas. Pero la iglesia tibia de Laodicea era asquerosa. Cristo quería escupirla de la boca. Que no fuera caliente o fría era una ofensa total y repugnante al Señor del cielo.

Cualquier extremo habría sido preferible para el Señor. Incluso corazones abiertamente fríos habrían sido un reflejo más sincero del verdadero estado espiritual en que estaban, y los habría dejado abiertos a sentir el aguijón de la culpa del pecado. En lugar de eso, los laodicenses se adormecían en autosatisfacción espiritual, inconscientes de que su herejía e hipocresía les había opacado la capacidad de evaluar con exactitud su propia condición espiritual.

Cristo describe en su carta la profundidad del autoengaño de los laodicenses: "Tú dices: Yo soy rico, y me he enriquecido, y de ninguna cosa tengo necesidad; y no sabes que tú eres un desventurado, miserable, pobre, ciego y desnudo" (Ap. 3:17). El Señor les dice que son absolutamente ignorantes de su verdadera condición espiritual. Lo mismo se aplica a todos los incrédulos que se reúnen en una "iglesia": no están en posición de evaluar el estado de sus corazones. Colectivamente son ciegos a su realidad espiritual.

Laodicea era famosa por su riqueza material. Parecía que la propia identidad de la iglesia estaba unida no solo a la falsa seguridad de aquellas riquezas materiales, sino también a su supuesta riqueza espiritual. Pero esa era una fantasía sin fundamento. Su autoconfianza espiritual podría ser un indicio de otro tipo de falsa enseñanza que había envenenado la iglesia en Laodicea. Además del punto de vista blasfemo que tenían de Cristo, al igual que algunos en la asamblea en Colosas, habrían sido influidos por una forma primitiva de gnosticismo. Los gnósticos creían que habían obtenido alguna clase de conocimiento secreto y elevado. Su conocimiento supuestamente transcendental los diferenciaba de otros creyentes no sofisticados. Ese es el tipo de orgullo espiritual que Cristo describió en su carta a Laodicea: "Yo soy rico, y me he enriquecido, y de ninguna cosa tengo necesidad" (v. 17).

Espiritualmente hablando, ese es el peor estado en que una persona puede estar. Sería mucho mejor ser ateo o totalmente ignorante de la iglesia y el evangelio. En realidad, *cualquier cosa* sería mejor que la hipocresía farisaica de los laodicenses. Su apostasía era general. Conocían la verdad acerca de Cristo, pero negaban su deidad; conocían la verdad sobre Dios, pero adoraban un dios de su propio diseño. Tal autoconfianza espiritual presumida caracteriza hoy día a denominaciones enteras. Esto mismo caracteriza a muchas instituciones, universidades y seminarios supuestamente cristianos. Creen que son espiritualmente ricos y que su conocimiento los coloca por encima y fuera del *vulgo*, pero no aprecian lo nauseabundos que son para el Señor que profesan.

Eso es cierto para cualquier iglesia o institución dominada por incrédulos autoengañados. Es una condición enfermiza creerse espiritualmente ricos cuando se está en bancarrota, creerse hermoso cuando se es feo, imaginarse que se es envidiado cuando se es totalmente digno de lástima, creer que ve todo claramente cuando se está perdido y ciego, creer que se está envuelto en galas espirituales cuando se está sucio y desnudo. Esa era la situación de los laodicenses. El Señor los confrontó sin rodeos con la realidad de la situación en que estaban: "No sabes que tú eres un desventurado, miserable, pobre, ciego y desnudo" (v. 17).

Los creyentes debemos mostrar misericordia al mundo incrédulo. Siempre que sea posible debemos transmitir la verdad del evangelio.

Pero con la misma intensidad también debemos extendernos a aquellos en medio de la iglesia que están perdidos en autoengaño e hipocresía. Cegados por su desesperada necesidad del Salvador, estos hombres y estas mujeres deben ser regularmente confrontados con la verdad de la Palabra de Dios, el evangelio de la gracia y del Señor Jesucristo. Debemos orar porque la divina gracia y compasión, el arrepentimiento y la fe, aún estén disponibles para ellos.

Ese fue el mensaje del Señor para la iglesia apóstata en Laodicea.

LA OFERTA COMPASIVA A UNA IGLESIA APÓSTATA

Como remedio para el infeliz estado espiritual de los laodicenses, Cristo enseña: "Te aconsejo que de mí compres oro refinado en fuego, para que seas rico, y vestiduras blancas para vestirte, y que no se descubra la vergüenza de tu desnudez; y unge tus ojos con colirio, para que veas" (Ap. 3:18). Cristo ofrece misericordia a estos hipócritas. Pudo haberlos juzgado en el acto, pero retiene su destrucción y los llama al arrepentimiento.

Las palabras de Jesús resaltan el falso sentido de seguridad de los laodicenses, mientras compara su oferta de salvación con lo vacío de la supuesta riqueza de ellos. Como ya indicamos, la ciudad era conocida por su prosperidad financiera, su industria de lana y la producción de colirio. En este versículo, el Señor pone fin a ese orgullo local e ilustra lo espiritualmente pobres, ciegos e indigentes que eran sin Él.

Desde luego, el dinero que tenían no podía comprar del Señor lo que necesitaban. Ninguna cantidad de dinero podía redimir y salvarles el alma. En cambio, las palabras de Cristo enfatizaron la inutilidad de las riquezas materiales que poseían. Esa enorme riqueza, por significativa que fuera, no podía hacerles ningún bien espiritual duradero. "Te aconsejo que de mí compres" es un eco de la Palabra de Dios a través del profeta Isaías: "A todos los sedientos: Venid a las aguas; y los que no tienen dinero, venid, comprad y comed. Venid, comprad sin dinero y sin precio, vino y leche" (Is. 55:1). La justicia de Cristo no está a la venta para los pecadores; el precio ya ha sido pagado.

El Señor instruyó a la iglesia no redimida en Laodicea que comprara tres cosas, todas las cuales simbolizaban la redención que tan desesperadamente necesitaban. La primera era "oro refinado en fuego, para que seas rico" (Ap. 3:18). Los habitantes de Laodicea estaban tan familiarizados con el oro como para que entendieran el gran valor de lo que Cristo les ofrecía aquí. Este oro espiritual había sido refinado y purgado de impurezas. Era perfecto e invaluable, especialmente al compararlo con el oro físico que tanto apreciaban tanto. Pedro describió la verdadera fe salvadora como "más preciosa que el oro, el cual aunque perecedero se prueba con fuego" (1 P. 1:7). Los laodicenses confiaban en su enorme riqueza. Cristo les ofreció la verdadera riqueza espiritual de la salvación y una relación correcta con Él.

También los instruyó a comprar "vestiduras blancas para vestirte, y que no se descubra la vergüenza de tu desnudez" (Ap. 3:18). En todas estas cartas a las iglesias de Asia Menor, Cristo ha mencionado estas vestiduras blancas. Las imágenes vuelven a aparecer más tarde en el libro de Apocalipsis. Según se observó antes, cuando se habla de los santos en gloria, las vestiduras blancas pueden describir su limpieza y sus obras purificadas de obediencia (véase 3:4-5; 19:8). Aquí la ropa blanca representa la justicia de Cristo imputada a los creyentes (véase 7:13-14). La famosa ropa de lana negra que venía de Laodicea era símbolo del pecado que cubría la desnudez de los hipócritas laodicenses. Las prendas que necesitaban eran las que Isaías describe: "En gran manera me gozaré en Jehová, mi alma se alegrará en mi Dios; porque me vistió con vestiduras de salvación, me rodeó de manto de justicia" (Is. 61:10). La justicia propia de ellos era nada más que trapos de inmundicia (Is. 64:6). Necesitaban estar cubiertos por la justicia de Cristo (2 Co. 5:21).

Finalmente, el Señor les dijo a los laodicenses que le compraran "colirio, para que veas" (Ap. 3:18). El colirio que producían y vendían no era una cura milagrosa. En el mejor de los casos podía calmar los ojos irritados. Ese es un marcado contraste con el bálsamo que Cristo ofrece a los pecadores no arrepentidos, que abre los ojos espirituales a su verdad. En 2 Corintios 4:4, Pablo escribe que "el dios de este siglo cegó el entendimiento de los incrédulos, para que no les resplandezca la luz del evangelio de la gloria de Cristo". Los pecadores no redimidos están perdidos en su ceguera espiritual, inconscientes de su esclavitud a Satanás e incapaces de apreciar la luz del evangelio. Necesitan que Cristo les abra los "ojos, para que se conviertan de las tinieblas a la luz, y de la potestad de Satanás a Dios; para que reciban… perdón de pecados" (Hch. 26:18). Los miembros de la falsa iglesia en Laodicea habían estado ciegos por herejía e hipocresía. Necesitaban que el Señor les abriera los ojos e hiciera que la luz de la verdad divina brillara en sus corazones.

Aunque las palabras de Cristo aquí son un llamado a los no creyentes, también son un poderoso recordatorio para la verdadera iglesia. La salvación es el oro que nos hace espiritualmente ricos en fe. Es la túnica blanca que cubre nuestra desnudez pecaminosa con la justicia de Dios a través de Cristo. Es el colirio que nos ofrece el conocimiento de la gracia iluminadora de Dios y comprensión de su verdad. Esta es una magnífica imagen de las triples bendiciones de la salvación, el tesoro que el Señor derrama libremente sobre su pueblo.

EL AMOR DIVINO POR LOS PERDIDOS

Las palabras de Cristo en Apocalipsis 3:19 han llevado a algunos a creer que la iglesia en Laodicea no era totalmente apóstata, que había algunos en la congregación que eran salvos. El Señor expresa: "Yo reprendo y castigo a todos los que amo; sé, pues, celoso, y arrepiéntete". Aunque inicialmente podría parecer que está hablando a cristianos, el contexto no tomará en consideración tal interpretación, ya que los versículos 18 y 20 no se equivocan sobre la condición espiritual de la audiencia no regenerada.

Debemos tener cuidado de no aislar el amor de Dios únicamente para sus elegidos. Pasajes como Salmos 145:8-9, Mateo 5:44-48, y Marcos 10:21 dejan en claro que el Señor ama con un amor de verdadera compasión incluso al mundo de pecadores no arrepentidos y reprobados. No es el amor divino del que se habla en 1 Juan 4:9-11 o Romanos 5:8, que asegura soberanamente la redención para el objeto de ese amor, sino una ternura sincera y bondadosa. Aquí en la carta a Laodicea, Cristo explica que su amor por el mundo incluye la manera en que reprende y disciplina el pecado. "Reprender" es otra forma de decir que Cristo les expone y los convence de su pecado. Al describir la obra del Espíritu Santo a través de las conciencias de hombres pecadores, Cristo manifestó: "Cuando él venga, convencerá al mundo de pecado, de justicia y de juicio" (Jn. 16:8). Dios ama al mundo exponiéndole el pecado y castigándolo. La palabra traducida "castigo" en Apocalipsis 3:19 se usa dos veces en Lucas 23, como "castigarle" y "castigaré" cuando se describe la tortura de Cristo a manos de Pilato. En 2 Timoteo 2:25 se usa para referirse a la condena divina a los incrédulos. El punto es que el amor de Dios por los pecadores empieza con el desenmascaramiento de nuestra desdicha. Si hemos sido salvos por fe en Cristo se debe a que primero el Señor nos recalcó la culpa de nuestro pecado y el peso de su ira. Su amor por cada uno de nosotros comenzó con reproche y castigo.

Hay una nota de ternura en estas palabras, como la hay en toda la carta. A pesar de la herejía e hipocresía de los laodicenses, el Señor tiene un tierno afecto por ellos. No los ama con un tipo de amor *ágape* sino *filéo,* un afecto divino aparte de una correcta relación espiritual. Está llamando compasivamente a estos individuos no regenerados a venir a la fe salvadora en Él y evitar su ira. El Señor hizo una declaración similar a Israel en Ezequiel 33:11: "Vivo yo, dice Jehová el Señor, que no quiero la muerte del impío, sino que se vuelva el impío de su camino, y que viva. Volveos, volveos de vuestros malos caminos; ¿por qué moriréis, oh casa de Israel?".

Además, les muestra la senda hacia una relación correcta con Él, instándolos: "Sé, pues, celoso, y arrepiéntete" (Ap. 3:19). El mensaje del evangelio de Cristo siempre implica arrepentimiento (Mt. 4:17). Los pecadores deben llorar por su pecado y anhelar la justicia que solo Cristo puede proporcionar. En 2 Corintios 7:10, Pablo explicó el simple remordimiento y el verdadero arrepentimiento: "La tristeza que es según Dios produce arrepentimiento para salvación, de que no hay que arrepentirse; pero la tristeza del mundo produce muerte". Es importante entender que el arrepentimiento no es un acto meritorio. Más bien es un paso vital en la obra salvadora de Dios, que Hechos 11:18 llama "arrepentimiento para vida".

En su excelente estudio sobre el Sermón del Monte, D. Martyn Lloyd-Jones nos ofrece esta poderosa visión de la naturaleza del arrepentimiento verdadero:

> Arrepentirse significa que nos damos cuenta de que somos culpables, viles pecadores en la presencia de Dios, que merecemos la ira y el castigo del Señor, que estamos condenados al infierno. Significa que empezamos a comprender que aquello llamado pecado está en nosotros, que anhelamos deshacernos de este, y que le damos la espalda en todas las formas. Cueste lo que cueste, renunciamos al mundo en su razón, perspectiva y práctica, y nos negamos a nosotros mismos, tomamos nuestra cruz y vamos tras Cristo.[4]

Pablo describe en Hechos 17:30-31 la urgencia del llamado de Cristo al arrepentimiento: "Dios, habiendo pasado por alto los tiempos de esta ignorancia, ahora manda a todos los hombres en

---

4. D. Martyn Lloyd-Jones, *Studies in the Sermon on the Mount* (Grand Rapids: Eerdmans, 1974), 2:248.

todo lugar, que se arrepientan; por cuanto ha establecido un día en el cual juzgará al mundo con justicia, por aquel varón a quien designó, dando fe a todos con haberle levantado de los muertos". El amor de Cristo por el mundo incrédulo es más evidente en su paciencia y longanimidad, ya que con misericordia concede tiempo a los pecadores para arrepentirse y creer.

Pero la ternura del Señor por los laodicenses apóstatas no se limita a llamarlos al arrepentimiento. En el versículo 20 hace esta promesa muy personal: "He aquí, yo estoy a la puerta y llamo; si alguno oye mi voz y abre la puerta, entraré a él, y cenaré con él, y él conmigo". Esta invitación es una de las más conocidas en toda la Biblia, pero también una de las más incomprendidas.

Apocalipsis 3:20 es utilizado con frecuencia por evangelistas y predicadores como una súplica personal y urgente del Señor. Se explica como una promesa de que Cristo simplemente espera en la puerta del corazón de todo pecador, anhelando tener acceso. A menudo aparece junto con la creencia similarmente antibíblica de "pedir que Jesús entre en nuestro corazón". Ambas frases trilladas exponen el punto de vista de salvación centrado en el hombre, que confunde y corrompe a gran parte de la iglesia de hoy, y que se aparta bruscamente de las palabras de Pablo en Efesios 2:

> Él os dio vida a vosotros, cuando estabais muertos en vuestros delitos y pecados, en los cuales anduvisteis en otro tiempo, siguiendo la corriente de este mundo, conforme al príncipe de la potestad del aire, el espíritu que ahora opera en los hijos de desobediencia, entre los cuales también todos nosotros vivimos en otro tiempo en los deseos de nuestra carne, haciendo la voluntad de la carne y de los pensamientos, y éramos por naturaleza hijos de ira, lo mismo que los demás. Pero Dios, que es rico en misericordia, por su gran amor con que nos amó, aun estando nosotros muertos en pecados, nos

> dio vida juntamente con Cristo (por gracia sois salvos), y juntamente con él nos resucitó, y asimismo nos hizo sentar en los lugares celestiales con Cristo Jesús, para mostrar en los siglos venideros las abundantes riquezas de su gracia en su bondad para con nosotros en Cristo Jesús. Porque por gracia sois salvos por medio de la fe; y esto no de vosotros, pues es don de Dios; no por obras, para que nadie se gloríe (vv. 1-9).

A pesar de su frecuente aplicación errónea, Apocalipsis 3:20 no es una declaración general acerca de que Cristo está llamando a la puerta del corazón de los pecadores, ni es una imagen exacta de su llamado al arrepentimiento. La realidad es que la puerta a la que Cristo se refiere aquí era una puerta específica, no la puerta metafórica de cada corazón humano. Esta es una invitación específica a la iglesia en Laodicea y a otras similares. Cristo no estaba en esa iglesia, una prueba más de que, a diferencia de la congregación en Sardis, no había absolutamente ningún creyente en la de Laodicea. En el versículo 20, Cristo prometió venir y traer la realidad de la verdadera salvación a ese grupo apóstata, ¡incluso si algunos respondían a su llamado al arrepentimiento y lo recibían!

Hoy día, el Señor también está excluido de innumerables iglesias que claman su nombre, pero que regularmente lo deshonran. Sean iglesias liberales muertas, iglesias con un falso evangelio, o sectas, no tienen ningún interés en el Cristo bíblico ni en la salvación que les ofrece. Y al igual que con la iglesia en Laodicea, se necesita la verdadera expresión de arrepentimiento y fe para abrir la puerta a la presencia e influencia de Cristo.

Pero lo que Cristo promete aquí no es solo una presencia en la iglesia como una bendición mínima. Cristo declara: "Entraré a él, y cenaré con él, y él conmigo" (v. 20). Una comida compartida era un símbolo de unidad, compañerismo e intimidad. Como ya vimos, un día los creyentes celebrarán la cena de bodas del Cordero con

Cristo (Ap. 19:9). Esperamos la intimidad eterna en el cielo con nuestro Señor y Salvador. A través de la morada del Espíritu Santo obtenemos en la tierra un anticipo de esa comunión aquí. Fue esa comunión bendecida la que Cristo prometió a algunos en la iglesia laodicense que se arrepintieran y creyeran.

La palabra traducida "cenaré" se refiere a la comida nocturna, el último suceso del día. Esta es la última súplica del Señor a esta iglesia. Él todavía se encuentra afuera, esperando en las últimas horas antes que caiga la noche de su juicio y sea eternamente tarde para que los laodicenses se arrepintieran.

Nuevamente, hay gracia ilimitada en la bondadosa paciencia del Señor con los pecadores. Fielmente les ruega que se arrepientan mientras extiende misericordia y sigue reteniendo su ira contra el mundo y su maldad. La carta de Cristo a la iglesia en Laodicea es un triste recordatorio del costo de la herejía e hipocresía, pero también ofrece aliento acerca del amor del Señor por los pecadores y su deseo de llevarlos a la salvación.

El Señor termina su carta a la iglesia en Laodicea con un mensaje para todos los creyentes. A sus vencedores (véase 1 Jn. 5:4-5), les promete: "Al que venciere, le daré que se siente conmigo en mi trono, así como yo he vencido, y me he sentado con mi Padre en su trono" (Ap. 3:21). Este es el pináculo de la promesa de las bendiciones prometidas por Cristo para los creyentes que perseveran fielmente, que no podemos entender por completo. Pablo hizo una promesa similar en 2 Timoteo 2:12: "Si sufrimos, también reinaremos con él". Cristo no solo promete a los creyentes comunión inmediata, sino también que reinaremos a su lado por la eternidad. Esta es una imagen de intimidad perfecta en gloriosa autoridad. Es la elevación suprema de la humanidad redimida y un vívido recordatorio de que no recibimos una salvación mínima en Cristo, sino que somos injertados en la familia de Dios y que se nos conceden todos los privilegios de la filiación en su reino eterno.

El Señor termina su carta con el conocido recordatorio: "El que tiene oído, oiga lo que el Espíritu dice a las iglesias" (Ap. 3:22). En el caso de la carta a la iglesia en Laodicea, esa es una advertencia a los apóstatas, a los que niegan a Cristo, a los liberales, y a los sectarios que se creen elevados, eruditos e iluminados por sobre, y más allá, del testimonio sencillo de las Escrituras. Cristo les confronta la ceguera y pobreza espiritual, y sin ambages afirma su deidad y autoridad. Les destruye las fachadas santurronas y los obliga a ver su apostasía e hipocresía como la ofensa pecaminosa que realmente es. Extiende gracia a aquellos que se arrepienten y lo aceptan como Señor y Salvador.

Debemos hacer lo mismo mientras aún haya tiempo.

10

La necesidad de una nueva reforma

Los cristianos hablan a menudo de la necesidad de una reforma en la iglesia. Sin embargo, ¿cómo sería un verdadero avivamiento bíblico del cuerpo de Cristo, no solo una breve agitación de corazones cristianos en un entorno local, sino un renacimiento espiritual global de toda la iglesia? ¿Qué significaría tener hoy día una nueva reforma? ¿Qué cambiaría? ¿Y qué debe suceder para desencadenar tal avivamiento?

Para empezar, la iglesia debe obedecer el mandato del Señor de ser santos como Él es santo (1 P. 1:16). El pueblo de Dios debe poner fin a los flirteos insensatos con la mundanalidad y ser serios en cuanto a tratar con el pecado en medio de ellos. Esa es la clase de reforma que el Señor exige, una que enfatice un amor comprometido por Cristo, la eliminación de avenencias con el mundo, la constante confrontación del pecado, y una búsqueda seria de teología sana y santidad personal.

Pero la reforma que la iglesia necesita con urgencia no es producto de una nueva estrategia o énfasis. Los creyentes no necesitan que alguien marque un nuevo sendero metodológico o proyecte una nueva visión emocionante para que la iglesia coincida con las perspectivas del siglo XXI.

El hecho es que la iglesia no enfrenta problemas únicos que exijan nuevas soluciones inteligentes. Las estrategias de Satanás no han cambiado, y "no ignoramos sus maquinaciones" (2 Co. 2:11). Él ataca a la iglesia hoy día en las mismas maneras que hizo en el primer siglo. En todo caso, lo que ha cambiado es la disposición de la iglesia a hacer concesiones con el mundo y adaptarse a la falsa enseñanza. En lugar de declarar una guerra espiritual contra las mentiras satánicas y las ideologías anticristianas (2 Co. 10:4), demasiadas iglesias han declarado una tregua antibíblica con el mundo y han dejado de luchar totalmente por la verdad de Dios.

Modelos innovadores de iglesia y estrategias evangelísticas poco ortodoxas no solucionarán los problemas que enfrentamos. En primer lugar, nuevos métodos para la iglesia que no estén vinculados a la sabiduría bíblica o a búsqueda de santidad no son la solución; pues así es como hemos llegado a donde estamos. Más de lo mismo no solucionará el problema.

Más bien, lo primero que el pueblo de Dios necesita es recuperar y reafirmar los principios históricos y teológicos detrás de las transformaciones de vida que invitan a la verdadera reforma. Todos los problemas que afligen y perjudican hoy día a la iglesia podrían tratarse con un énfasis renovado en las mismas cinco "*solas*" *de* la Reforma Protestante en el siglo XVI.

SOLA SCRIPTURA

Según se mencionó en el capítulo 1, la confianza absoluta en la sola Escritura como la autoridad definitiva y suficiente en la iglesia es conocida como el principio formal de la Reforma. Este fue el fundamento necesario para todas las demás doctrinas clave de la Reforma, y fue el primer y principal punto de partida de la influencia corruptora de la Iglesia católica. Otros antes de Martín Lutero se habían quejado de los abusos de Roma y la falsa doctrina, pero la Reforma nació de las apelaciones de Lutero a la autoridad de las Escrituras.

Históricamente, ese es el patrón del avivamiento. Todo gran movimiento de Dios en el mundo se inicia con la recuperación de las Escrituras. Esta fue la causa de un gran despertar espiritual entre el pueblo de Israel después de su exilio. En Nehemías 8, Esdras pide el libro de la ley y lo lee delante del pueblo, provocando arrepentimiento y un avivamiento dramático en toda Jerusalén. La historia de Israel estuvo marcada por patrones de rebelión y avivamiento, y su arrepentimiento siempre fue producto de recordar y regresar a la Palabra de Dios.

La Reforma fue resultado de un similar compromiso renovado con la autoridad singular de la Palabra de Dios en la iglesia. Y unida a ese reconocimiento de la autoridad de la Biblia estuvo una afirmación implícita de su suficiencia. La Biblia no solo es el mensaje inspirado y autorizado de Dios, sino también suficiente para satisfacer las necesidades del pueblo de Dios, "para enseñar, para redargüir, para corregir, para instruir en justicia, a fin de que el hombre de Dios sea perfecto, enteramente *preparado para toda buena obra*" (2 Ti. 3:16-17). La Biblia es suficiente para la salvación de los elegidos y santificación de los redimidos. Edifica a los santos y notifica su esperanza de eternidad. Suministra abundante instrucción, corrección, ánimo y seguridad al pueblo de Dios.

Las Escrituras hablan de su propia autoridad y suficiencia en Apocalipsis 22:18-19, advirtiendo con severidad a cualquiera que pretenda agregar o quitar algo de la Palabra de Dios.

> Yo testifico a todo aquel que oye las palabras de la profecía de este libro: Si alguno añadiere a estas cosas, Dios traerá sobre él las plagas que están escritas en este libro. Y si alguno quitare de las palabras del libro de

> esta profecía, Dios quitará su parte del libro de la vida, y de la santa ciudad y de las cosas que están escritas en este libro.

Como la autoridad singular, suficiente y definitiva sobre la iglesia, la Palabra de Dios no está sujeta a adicciones, sustracciones o revisiones editoriales.

Imagine la influencia que un compromiso renovado con la autoridad y suficiencia de la Biblia tendría en las iglesias de hoy. Para comenzar, sería un golpe enorme contra los herejes educados que han creído las mentiras de académicos críticos. Silenciaría a los hombres y las mujeres que presumen sentarse a juzgar la Palabra de Dios, descartándola como nada más que literatura, fábulas y alegorías que deben interpretarse por capricho personal y cuestiones sociales. Y pondría fin al interés de la iglesia en novedad e innovación teológica, y restauraría el énfasis en la fidelidad bíblica, la sana doctrina y la fiel exposición.

Un énfasis en la *sola Escritura* también sofocaría los engaños de charlatanes que basan sus ministerios en supuesta nueva revelación e impresiones personales del Señor. Supersticiones acerca de mensajes privados de parte de Dios han plagado casi toda generación en la historia de la iglesia. Prácticamente toda secta con pretensión cristiana la ha fundado alguien que afirma haber escuchado directamente un mensaje divino. Casi ninguna idea ha dejado más destrucción a su paso. Pero creer en revelación continua se ha vuelto un sello distintivo del movimiento carismático, y el largo alcance de su influencia ha sembrado en la iglesia un apetito por nuevos mensajes divinos, creando una epidemia global de cristianos profesos que creen que la Biblia no es suficiente.

De vez en cuando miro por televisión a curanderos y predicadores de la prosperidad, y he observado una tendencia constante en su enseñanza. La mayoría de estos hombres y mujeres enseñan casi exclusivamente en primera persona. Caminan de un lado al otro del escenario explicando cómo "el Señor me dijo que..." y "me mostro que...", mientras la Biblia permanece estacionada en el podio, útil solo como herramienta de referencia para regresar a sus "nuevas palabras del cielo". Todo ese enfoque de enseñanza es antibíblico y ha creado una falsa cristiandad basada en intuición personal y percepción subjetiva.

Quizás los ejemplos más recientes para captar la atención de la iglesia son los devocionales de gran venta presentados como colecciones de percepciones personales y mensajes recibidos de Dios, que se han vendido por decenas de millones. Uno de estos empieza con la siguiente introducción:

> Empecé a preguntarme si yo también podría recibir mensajes durante mis tiempos de comunicación con Dios. Por años había llevado mi diario de oración, pero eso solo era comunicación en un sentido: Solo yo hablaba. Sabía que Dios se comunicaba conmigo a través de la Biblia, pero yo ansiaba más. Cada vez más, quería escuchar lo que Dios tenía para decirme personalmente en un día determinado. Decidí escuchar a Dios con bolígrafo en mano, anotando cualquier cosa que creía que Él estaba diciendo.[1]

Si bien estos libros muy populares no necesariamente promueven el movimiento carismático, representan lo peor de su error doctrinal. Más engañosos que las ridículas promesas de sanidad y prosperidad, y peores que la absurda algarabía de lenguas, estos libros y otros del mismo género exportan la mentira de los carismáticos: que Dios está esperando dar nueva revelación más allá de la Biblia a cualquier persona. Esta noción de que Dios aún habla a la gente por medio de sueños, impresiones mentales, sentimientos viscerales y voces

1. Sarah Young, *Jesús te llama* (Nashville: Thomas Nelson, 2004), p. xi.

audibles es una negación implícita de la autoridad final y suficiencia total de las Escrituras.

Y esa tendencia no está aislada de aquellos bajo la influencia del movimiento carismático o las necedades místicas. Cualquier enfoque en la "formación espiritual" que aliente a los cristianos a escuchar la voz de Dios dentro de sus cabezas, o en cualquier otro lugar fuera de las Escrituras, socava la autoridad, suficiencia y singularidad inspirada por Dios de la Palabra escrita. Un aspecto esencial de la verdadera madurez espiritual es aprender "a no pensar más de lo que está escrito" (1 Co. 4:6). Cualquier práctica que aliente a los creyentes a mirar hacia adentro en busca de respuestas, en vez de mirar a Dios y su Palabra, no es nada más que misticismo oriental reformulado en el disfraz de devoción al Señor. A pesar del lenguaje bíblico que invoca, sustituye ansiosamente impresiones subjetivas y sentimientos personales por la verdad bíblica.

Otros creyentes profesos adoptan un enfoque más solapado para menoscabar la autoridad y suficiencia de la Palabra de Dios, tratando de mezclar la verdad de las Escrituras con sabiduría mundana. En gran parte de las décadas de los ochenta y noventa, la psicología ejerció una fuerza dominante en las iglesias. Pastores y líderes de la iglesia renunciaron a sus deberes de aconsejar, dando paso a profesionales con poca (o ninguna) formación bíblica. Como expliqué en su momento en un libro titulado *Our Sufficiency in Christ* [Nuestra suficiencia en Cristo]: "Demasiada gente se ha tragado la mentira de que existe un reino crucial de sabiduría fuera de las Escrituras y de nuestra relación con Jesucristo, y que alguna idea o técnica de ese reino extrabíblico tiene la verdadera clave para ayudar a las personas con sus problemas profundos".[2] Esa tendencia todavía persiste.

Vemos el mismo ataque a la autoridad de las Escrituras en el debate sobre el relato de la creación en Génesis. En lugar de aceptar

2. John MacArthur, *Our Sufficiency in Christ* (Dallas: Word Publishing, 1991), p. 58.

la claridad de una traducción literal de Génesis 1, muchos en la iglesia realizan todo tipo de gimnasia interpretativa para acomodar las conclusiones del mundo sobre los orígenes del universo. Bajo el peso de la supuesta ciencia, que no puede explicar el milagro enorme de la creación, rechazan la lectura clara y sencilla del texto en favor de teorías arraigadas en escepticismo e incredulidad. Y limitan la autoridad y suficiencia de las Escrituras declarando que sus páginas de inicio no son más que una fábula o recurso literario. Si no podemos confiar en el Génesis, ¿por qué debería recibir nuestra confianza absoluta cualquier otra parte de la Biblia?

Asombra cuántas falsas doctrinas y prácticas erróneas en la iglesia de hoy son resultado directo de comprometer la autoridad y suficiencia de las Escrituras. Un compromiso renovado con la *sola Escritura* silenciaría a quienes pretenden hablar en nombre de Dios, y a los que se sientan a juzgar lo que Él ha dicho. Descartaría los diarios de sueños y cuentos ficticios disfrazados de revelación divina. Y protegería a la iglesia de la influencia de aquellos que están determinados a mezclar la verdad bíblica con error mundano. Un compromiso renovado con la autoridad, suficiencia y claridad de las Escrituras es el punto de partida para purgar la iglesia de muchas de sus impurezas más perniciosas, y proporcionar una protección significativa de la influencia corruptora de Satanás.

SOLA FIDE

La justificación solo por fe es el núcleo del evangelio. Rechazar *solo por fe*, ya sea consciente o inconscientemente, presenta un requisito de obras que niega la salvación. Las buenas obras no tienen ningún papel en liberar al pecador de la pena que el pecado merece. En el gran tratado del apóstol Pablo sobre la naturaleza de la justificación explica que la única esperanza de salvación que el pecador tiene no se encuentra en sus propias acciones justas, sino en la justicia que viene solo por fe:

> Al que no obra, sino cree en aquel que justifica al impío, su fe le es contada por justicia. Como también David habla de la bienaventuranza del hombre a quien Dios atribuye justicia sin obras, diciendo: Bienaventurados aquellos cuyas iniquidades son perdonadas, y cuyos pecados son cubiertos. Bienaventurado el varón a quien el Señor no inculpa de pecado (Ro. 4:5-8).

La sola fe es el medio por el cual alguien se reconcilia con Dios. El sistema sacrificial de Israel no tenía capacidad para salvar a los pecadores. A través del profeta Isaías, el Señor le dijo a su pueblo: "No me agrado en la sangre de toros, corderos ni cabras". La fe siempre fue la base del plan redentor de Dios. La Biblia es clara en que Abraham, el patriarca de Israel, no fue salvo por su piedad sino porque "creyó a Jehová, y le fue contado por justicia" (Gn. 15:6). Los escritores del Nuevo Testamento citaron reiteradamente ese versículo en defensa de la justificación solo por fe (véase Ro. 4:9; Gá. 3:6; Stg. 2:23). Las buenas obras no salvaron a Abraham, ni pueden salvar a nadie más. Además, Pablo advirtió a los Gálatas: "Si alguno os predica diferente evangelio del que habéis recibido, sea anatema" (Gá. 1:9). El falso evangelio de obras es la herejía maldita a la que Pablo se refería.

La Iglesia católica romana habla de la importancia de la fe, pero su dogma se basa en un sistema de obras de justicia y rituales meritorios. Es más, el elemento común que han tenido todas las falsas religiones a lo largo de la historia es el enfoque constante en el mérito justificativo del logro humano. Pablo explica: "Si [la salvación es] por gracia, ya no es por obras; de otra manera la gracia ya no es gracia" (Ro. 11:6). Solo el cristianismo bíblico enseña que la justificación del pecador es un logro exclusivamente divino, solo por fe.

Sin embargo, según vimos en el capítulo 1, menos de la mitad de los protestantes en Estados Unidos de hoy día creen que la salvación viene solo por fe. Han sido hechizados por una variedad de falsos evangelios y falsas suposiciones. El compromiso debilitado a la *sola fe* apoya dos de los errores que corrompen hoy a la iglesia: ecumenismo y credulidad fácil.

Por demasiado tiempo, creyentes profesos han buscado puntos espirituales comunes entre la iglesia evangélica y proponentes de falsos evangelios corruptos. La alegre ilusión de colaborar con católicos, mormones y otros, por el bien de reforma moral o ventajas políticas, pasa por alto el hecho de que *tales religiones no predican el mismo evangelio*. Otros se asocian con incrédulos en favor de la justicia social o preservación de los valores judeocristianos. Si bien estas actividades ecuménicas en sí no necesariamente constituyen corromper o comprometer el evangelio, quienes participan en ellas deben estar dispuestos a proclamar las falsas y engañosas enseñanzas de aquellos con quienes están aliados. Permanecer callados es empañar las líneas doctrinales cruciales que delimitan la verdadera iglesia de la falsa. Por desgracia, los evangélicos que se asocian con ecuménicos por obtener influencia política acallan rutinariamente verdades esenciales del evangelio a fin de evitar ofender, por el bien de preservar la coalición que han formado. Tal silencio es pecado.

El pueblo de Dios debe enfrentar las palabras precisas de Pablo en 2 Corintios 6:14-16: "No os unáis en yugo desigual con los incrédulos; porque ¿qué compañerismo tiene la justicia con la injusticia? ¿Y qué comunión la luz con las tinieblas? ¿Y qué concordia Cristo con Belial? ¿O qué parte el creyente con el incrédulo? ¿Y qué acuerdo hay entre el templo de Dios y los ídolos?". La respuesta obvia es *ninguna*. Por el bien de la claridad del evangelio que predicamos, los creyentes no debemos enturbiar las aguas doctrinales forjando alianzas con falsas religiones. Los cristianos debemos dejar de intentar armonizar el verdadero evangelio con mentiras satánicas. En lugar de buscar elementos de verdad en otras religiones, la iglesia debe exponer valientemente cómo el falso evangelio de obras está llevando gente al infierno. En Gálatas 5, Pablo afirma que quien compromete el evangelio al tolerar a aquellos que añaden obras a la fe, como necesarias para la salvación, están desligados "de Cristo" y han caído "de la gracia" (v. 4).

Un compromiso renovado con la *sola fe* afirmaría la singularidad del evangelio bíblico y protegería la iglesia de la influencia corruptora de las obras de justicia.

Ese compromiso decreciente para la justificación solo por fe también ha causado la tendencia de la credulidad fácil en la iglesia. Aunque la Biblia es clara en que las buenas obras no contribuyen a nuestra justificación, la conducta recta es sin embargo la realidad esencial producida por la salvación. En su epístola a los Efesios, Pablo declaró: "Por gracia sois salvos por medio de la fe; y esto no de vosotros, pues es don de Dios; no por obras, para que nadie se gloríe. Porque somos hechura suya, *creados en Cristo Jesús para buenas obras, las cuales Dios preparó de antemano para que anduviésemos en ellas*" (Ef. 2:8-10). La salvación viene solo por fe, pero esa transformación se demuestra inmediatamente en actitudes y comportamiento correctos.

El falso evangelio de la credulidad fácil no exige tal prueba de la obra transformadora del Espíritu. Eficazmente trata la fe como una obra que no requiere más evidencia de arrepentimiento o transformación. Al final, la credulidad fácil se reduce a regeneración *decisoria*, una mentira tan letal como las obras de justicia. Como expliqué años atrás en *El evangelio según Jesucristo:*

> El evangelismo moderno se preocupa por las decisiones, estadísticas, el pasar al frente, trucos, presentaciones prefabricadas, manipulaciones emocionales e incluso intimidación. Su mensaje es una cacofonía de credulidad fácil y llamamientos simplistas. A los no creyentes se les dice que todo lo que necesitan hacer es invitar a Jesús a entrar en su corazón, aceptarlo como su Salvador personal o creer los hechos del evangelio. El resultado es un tremendo fracaso, como se ve en las

> vidas de multitudes que han hecho profesión de fe en Cristo sin la repercusión correspondiente en su comportamiento. Quién sabe cuántas personas viven engañadas creyendo que son salvas y no lo son.[3]

La credulidad fácil silencia los gritos de la conciencia y fomenta falsa seguridad. Innumerables hombres y mujeres de hoy esperan una eternidad en el cielo porque una vez hicieron una oración, o tomaron una decisión emocional respecto a Cristo. Junto con otros que ponen su fe en sus propias obras piadosas, un día escucharán estas terribles palabras del Señor: "Nunca os conocí; apartaos de mí, hacedores de maldad" (Mt. 7:23).

El libro de Santiago dice claramente: "La fe sin obras está muerta" (Stg. 2:26). Santiago explica que la fe vacía y muerta de la credulidad fácil no es mejor que la de los demonios, que tiemblan ante la existencia de Dios, pero no están menos condenados (v. 19). Según Santiago, tal fe es "muerta" (v. 20).

Un compromiso renovado con la *sola fe*, y un entendimiento bíblico de la verdadera fe que justifica (fe solo en la obra consumada de Cristo, fe autenticada a través de la evidencia de una vida transformada), no dejaría lugar al evangelio de la credulidad fácil y la falsa seguridad que ha sembrado en toda la iglesia.

SOLA GRATIA

Anticipándose a la capacidad del hombre para retorcer la fe en la obra meritoria del pecador, la Biblia clarifica que la justificación no solamente es por medio de la sola fe, sino solo por gracia divina. Los católicos señalan sus propios rituales como medio de salvación, mientras que otras personas orgullosas reclaman el mérito por creer en Dios y desencadenar su propia salvación. Pero la doctrina de la

---

3. John MacArthur, *El evangelio según Jesucristo* (El Paso: Casa Bautista de Publicaciones, 2002), p. 79.

sola gracia destruye todas las nociones de salvación por cualquier causa que no sea la maravillosa gracia de Dios. Pablo clarifica eso en Efesios 2:8-9: "por gracia sois salvos por medio de la fe; *y esto no de vosotros, pues es don de Dios*; no por obras, para que nadie se gloríe".

La doctrina bíblica de la sola gracia corresponde a, y es necesaria por, la incapacidad del hombre y su falta de voluntad. Los pecadores se han ganado y merecen solo la ira de Dios derramada contra su rebelión constante e intencional. Todos son completa e igualmente culpables ante el Señor: "Todos pecaron, y están destituidos de la gloria de Dios" (Ro. 3:23). En Gálatas 3:10, Pablo escribe: "Todos los que dependen de las obras de la ley están bajo maldición, pues escrito está: Maldito todo aquel que no permaneciere en todas las cosas escritas en el libro de la ley, para hacerla". La total corrupción del hombre le impide ganar o lograr el favor de Dios en alguna manera. Nuestra salvación "no depende del que quiere, ni del que corre, sino de Dios que tiene misericordia" (Ro. 9:16). Dios nos salva "no por obras de justicia que nosotros hubiéramos hecho, sino por su misericordia" (Tit. 3:5).

Es más, debido a nuestra indignidad es que la gracia salvadora de Dios es tan maravillosa. A pesar de nuestra maldad y corrupción, Él misericordiosamente nos concede fe, nos lava en la sangre de su Hijo, y nos envuelve en la justicia perfecta de Cristo. Pablo escribe: "Al que no conoció pecado, por nosotros lo hizo pecado, para que nosotros fuésemos hechos justicia de Dios en él" (2 Co. 5:21). Dios imputó nuestras vidas de pecado a Cristo, sobre quien, en su muerte en la cruz, el Padre echó nuestros pecados, por lo que pagó en su totalidad el castigo que era nuestro. Ahora Él imputa la justicia infinitamente perfecta de Cristo a la cuenta de cada creyente, todo únicamente como una función de su gracia infinita.

Pero esa gracia no es una característica primordial en el mensaje o las estrategias evangelísticas que dominan la mayoría de iglesias modernas. En lugar de enfatizar la poderosa gracia de Dios que puede vencer la incapacidad y depravación humana, los métodos modernos de atracción resaltan el valor de la relevancia cultural y atienden las necesidades sentidas de los incrédulos. La idea es adaptar la iglesia para atraer incrédulos, aprovechando sus gustos e intereses para atraerlos al compañerismo de la iglesia y, finalmente, a la fe en Cristo. Esa supuesta susceptibilidad del buscador es un enfoque cínico a la evangelización, que pone al descubierto la falta de confianza de los proponentes en la verdad de la Palabra de Dios y el poder del Espíritu Santo. En última instancia, la estrategia nace de la convicción de que no es la gracia de Dios la que apremia al pecador, sino la astucia de la charla de ventas del predicador.

Y en la necia búsqueda de relevancia fugaz, las iglesias no se detendrán ante nada para atraer a su público específico. Aunque hay algunos ejemplos realmente raros de iglesias que se esfuerzan al máximo por imitar e interesar a una subcultura particular, la mayoría de las que emplea estas estrategias cae en un patrón cada vez más conocido. Los líderes de adoración se convierten en músicos pop, los predicadores se transforman en comediantes y oradores motivacionales, y la adoración producida por la verdad teológica es reemplazada por estimulación emocional que elude la mente. No se oirán temas como pecado, juicio, santidad, piedad, separación del mundo, humildad, sacrificio, pureza y necesidad de arrepentimiento. El objetivo es mantener un mensaje positivo, afirmativo, inofensivo, ligero y divertido para que los visitantes regresen por más.

La sabiduría convencional entre evangélicos modernos es que la relevancia cultural y los ajustes acordes al gusto del buscador, para el mensaje que proclamamos, son herramientas esenciales para la evangelización eficaz. Pero es inevitable que la metodología generada por esa filosofía oscurezca o entierre totalmente el evangelio (las buenas nuevas de lo que Cristo ha hecho) bajo un mensaje centrado en el hombre, que de manera invariable se enfoca en algo que el pecador mismo debe hacer. Esto también sepulta la gloria de Jesucristo, a menudo bajo un manto de luces, humo y música sensual a todo volumen. Además, desde una perspectiva puramente pragmática, las nuevas estrategias evangelísticas simplemente no funcionan. A veces podrán ser eficaces en atraer multitudes al edificio de la iglesia; sin embargo, ¿atraen realmente personas hacia Cristo? Al contrario, con todos sus comentarios sobre autoestima, valor propio, mejoramiento personal y otros temas antropocéntricos, los métodos acordes al gusto del buscador tienden a cambiar el enfoque del pecador hacia adentro y no hacia el Señor.

Los verdaderos "buscadores" (personas que anhelan auténticamente a Dios por iniciativa propia) ni siquiera existen. En Romanos 3:11, Pablo declara en forma inequívoca: "No hay quien busque a Dios". Los pecadores no pueden ser cortejados por la verdad mediante un mercadeo inteligente y un alto valor de producción. Cristo mismo dijo: "Ninguno puede venir a mí, si el Padre que me envió no le trajere" (Jn. 6:44).

Alguien puede ser redimido solo a través del generoso regalo divino de la fe. La capacidad de Dios de buscar y atraer pecadores no depende de la inteligencia del orador ni del talento de los músicos. Y no se libera cuando la iglesia simula descaradamente las tendencias mundanas de la cultura pop. Nada que los cristianos hagan para ajustar o embellecer el evangelio de Jesucristo puede hacer más convincente el mensaje o más poderosa la gracia de Dios.

Un compromiso firme con la *sola gracia* desviaría el enfoque de la iglesia de cómo esta se comercializa ante el mundo, y conocería el único medio de fe y arrepentimiento verdadero: el poder del evangelio en la obra del Espíritu Santo.

SOLI DEO GLORIA

No hay exageración en las instrucciones de Pablo a la iglesia para glorificar al Señor incluso en las actividades más básicas de la vida. Él escribe: "Si, pues, coméis o bebéis, o hacéis otra cosa, hacedlo todo para la gloria de Dios" (1 Co. 10:31). Glorificar a Dios debería ser nuestro objetivo primordial y nuestra motivación principal. Su sola gloria debería ser la intención animadora detrás de cada acción, pensamiento y palabra nuestra.

Sin embargo, ¿hemos notado cuán poco oímos últimamente de la gloria de Dios? Al escuchar las voces principales en la iglesia tenemos la idea de que Dios está más interesado en nuestra felicidad, realización y satisfacción que en su gloria. El dios presentado en muchos sermones hoy día es poco más que un genio, deseoso de solucionar nuestros problemas y hacer realidad nuestros sueños. No hay ningún sentido de un propósito más exaltado en la vida que la satisfacción y el placer del hombre, con el Señor descrito como el principal facilitador. Una de las estrategias favoritas y más eficaces de Satanás es disfrazar el narcisismo con una fachada piadosa pero vergonzosa. Claramente, el engaño está funcionando. Muchas iglesias están ofreciendo no lo que Dios busca, sino lo que es natural para el pecador depravado: sus propios deseos cumplidos. Cuando los predicadores ofrecen salud, riqueza, realización o satisfacción, el pecador se hace soberano. Debe hacerse su voluntad, ¡o no se unirá a la iglesia!

Como resultado, la iglesia se ha infectado de orgullo y egoísmo desenfrenado a todo nivel. En las bancas, hombres y mujeres esperan que Dios les conceda lo que desean, cumpliéndoles todas sus fantasías mientras derrama interminable bendición y favor, porque los ama incondicionalmente y está muy feliz de que finalmente Él les caiga bien. Pastores y líderes eclesiales solucionan el problema viviendo con tanta opulencia que excusan como prueba de la sincera aprobación que Dios confiere a sus ministerios. Peor aún es el mensaje espiritualmente fracasado y bíblicamente deficiente desde el púlpito que en realidad incita materialismo, ambición, codicia, altivez humana, afectos terrenales, y muchas otras inclinaciones carnales que van contra la gloria de Dios. Debería aturdir a tales engañadores que Dios declarara: "A otro no daré mi gloria" (Is. 42:8).

Esta tendencia insidiosa no está aislada de los falsos profetas del evangelio de la prosperidad. Hoy día pastores de todas las denominaciones y convicciones teológicas inventan un ídolo que está interesado en solucionar problemas y satisfacer deseos carnales, y no en lo que el Dios verdadero está haciendo para edificar la iglesia de Cristo y santificar a su pueblo. Aquello se convierte en un obstáculo importante para la salvación y el crecimiento espiritual, y por tanto obstaculiza la verdadera obra del Reino de Dios.

La iglesia no puede ser luz para el mundo si está consumida por una ambición narcisista. Los cristianos no tienen nada que ofrecer a los no creyentes cuando sucumben a la misma clase de egoísmo pecaminoso e interés por sí mismos. Los cristianos deben apartar la mirada de sí mismos y ponerla en Él. Deben considerar la magnitud de la santidad de Dios, la plenitud de los atributos divinos, y el misericordioso amor que el Señor derrama a pesar de los repetidos fracasos humanos. Deben hacer suyas las palabras de Pablo en Romanos 11:36: "De él, y por él, y para él, son todas las cosas. A él sea la gloria por los siglos".

La gloria a Dios es la realidad dominante en la vida de todo creyente. Los cristianos deben acostumbrarse a preguntar: "¿Cómo dará gloria y honor al Señor esta decisión, esta acción, esta conversación, junto con todo lo demás que yo haga hoy?". Someter todo lo que hagamos a esa prueba nos protegerá de la tentación de obsesionarnos con nuestros propios intereses egoístas. No tendremos tiempo para satisfacer nuestros deseos egoístas si sometemos cada aspecto de la vida a alabar y honrar al Señor.

La gloria a Dios es el propósito principal detrás de todo lo que Él hace. Además, es el propósito detrás de mi vida y de la vida de todo creyente. Los cristianos no deben interesarse en sus propios logros, sino en entender que es Dios quien consigue su voluntad a través de ellos, y solo Él merece la gloria, honra y alabanza.

La mayoría de listas de las cinco *solas* concluyen con la *sola gloria a Dios*. Eso es apropiado, porque un claro énfasis en la gloria a Dios es fundamental para todas las demás columnas de la teología de la

Reforma. Pero quiero terminar donde comenzamos: con nuestra mirada fija en Cristo en su iglesia.

SOLUS CHRISTUS

La salvación solo está disponible en Cristo.

Esa no es una verdad popular estos días. En un mundo en que el relativismo postmoderno se encuentra descontrolado, nadie quiere escuchar de la exclusividad del evangelio de Jesucristo. Incluso algunos que se dicen protestantes y evangélicos encuentran desagradable y controversial ese mensaje.

Muchos en la iglesia se niegan a dejar que el evangelio ofenda a los pecadores. Reflexionan: *No se les puede decir a las personas que están equivocadas respecto al evangelio. No se les puede decir que van camino del infierno.* En lugar de eso intentan que la Palabra de Dios sea receptiva al error y abierta a interpretaciones amplias y variadas. Quieren encontrar espacio en el plan de redención a fin de que se cuelen seguidores serios de otra fe. No pueden soportar la puerta angosta, e intentan convencer a otros que el camino al cielo no es tan estricto y rígido como parece.

Tal palabrería juega a favor de la filosofía pluralista de este mundo. En esta era de tolerancia nadie quiere que la salvación se encuentre únicamente en la persona y obra de Jesucristo. Tales afirmaciones exclusivas contradicen un mundo sin absolutos y dominado por la noción infantil de que yo tengo derecho a determinar "mi propia verdad".

Pero si la iglesia no puede aferrarse a la verdad sobre Cristo (de que hay "un solo mediador entre Dios y los hombres, Jesucristo hombre" [1 Ti. 2:5], que "en ningún otro hay salvación; porque no hay otro nombre bajo el cielo, dado a los hombres, en que podamos ser salvos" [Hch. 4:12]), entonces no hay luz para traer a este mundo ciego por el pecado. En pocas palabras, si no explicamos que la fe en Jesucristo es el *único* camino de salvación, no hemos predicado el evangelio.

La iglesia debe luchar contra la arrogancia intelectual y el pluralismo religioso de este mundo rebelde, defendiendo fielmente esta verdad bíblica, la más impopular de todas, acerca del Señor; es decir, que Él es como afirmó: "El camino, y la verdad, y la vida; nadie viene al Padre, sino por mí" (Jn. 14:6).

Además, la iglesia debe estar dedicada a Cristo. Pedro enseñó que la prueba de nuestra fe es que "sea hallada en alabanza, gloria y honra cuando sea manifestado Jesucristo, a quien amáis sin haberle visto, en quien creyendo, aunque ahora no lo veáis, os alegráis con gozo inefable y glorioso" (1 P. 1:7-8). El pueblo de Dios no debe abandonar su primer amor. Como vemos en las cartas del Señor a las iglesias, así es como empieza el deslizamiento alocado y mortal hacia Laodicea. En otras palabras, no hay mayor defensa contra el letargo espiritual, la transigencia, la corrupción, y la apostasía que avivar fielmente las llamas de nuestro amor por Cristo.

Por esa razón, predicar a Cristo no es una preferencia sino una necesidad. Los pastores que no predican a Cristo están fallando a las cabras y matando de hambre a las ovejas. De los casi cincuenta años que llevo enseñando en el púlpito en la iglesia Grace Community Church, aproximadamente veinticinco de ellos los dediqué a predicar a través de los evangelios. Cuando añades todo lo que hemos aprendido sobre Jesús en nuestro estudio de las epístolas y en el Antiguo Testamento, me atrevo a decir que no hay un domingo en que no hayamos visto el carácter y la naturaleza de nuestro glorioso Señor. Es crucial que el pueblo de Dios conozca la revelación total acerca de Cristo si lo van a amar de veras. Y ese amor es vital para la vida de la iglesia y su utilidad para la obra del reino de Dios.

Con todo eso en mente, hace algún tiempo escribí una corta declaración sobre las profundas riquezas de amar a Cristo según Él se revela en las Escrituras. Releerlo de vez en cuando hace que mi amor sea más afectuoso y confío en que también reavive su amor por Él:

Amamos a Cristo. Amamos al Cristo que es el Hijo eterno, uno en naturaleza con el Padre eterno y el Espíritu eterno; el Dios trino. Amamos al Cristo que es el Creador y dador de vida, así como el sustentador del universo y todo lo que contiene. Amamos al Cristo que es el Hijo de Dios que tuvo nacimiento virginal e Hijo del Hombre, totalmente divino y totalmente humano.

Amamos al Cristo que es el único cuya vida en la tierra agradó perfectamente a Dios, y cuya justicia se da a todos los que por gracia mediante la fe se vuelven uno con Él. Amamos al Cristo que es el único sacrificio aceptable por el pecado que complace a Dios, y cuya muerte bajo el juicio divino pagó por completo el castigo por los pecados de su pueblo, proporcionándoles perdón y vida eterna. Amamos al Cristo que está vivo, después de ser resucitado de los muertos por el Padre, validando su obra de expiación, y proporcionando resurrección para la santificación y glorificación de los elegidos a fin de llevarlos sanos y salvos a su presencia celestial.

Amamos al Cristo que está en el trono del Padre intercediendo por todos los creyentes. Amamos al Cristo que es el Profeta, Sacerdote y Rey escogido de Dios, proclamando la verdad, mediando por su iglesia y reinando para siempre en su reino. Amamos al Cristo que sin duda alguna y repentinamente regresará del cielo para arrebatar a su iglesia, desatar el juicio sobre los malvados, traer la salvación prometida a los judíos y las naciones, y establecer su reino milenial en la tierra. Amamos al Cristo que, después de ese reino terrenal, destruirá el universo, juzgará finalmente a todos los pecadores y los enviará al infierno, y entonces creará cielos nuevos y tierra nueva donde morará para siempre

> con sus santos en gloria, gozo y amor. Este es el Cristo al que amamos; este es el Cristo que predicamos. Y lo amamos porque Él nos amó primero.

Si hoy día hay alguna esperanza de una nueva reforma y nuevo avivamiento, es que la iglesia se someta a la autoridad y suficiencia de las Escrituras, que proclame fielmente el mensaje de justificación por gracia solamente por fe, que el pueblo de Dios se dedique a glorificarlo en todo, y que se aferre al evangelio de Jesucristo en amorosa devoción a su Salvador.

Reconocimientos

Tengo un agradecimiento especial por la labor del personal editorial en Grace to You, con particular gratitud a Jeremiah Johnson, quien hábilmente supervisó el proceso de preparación y edición de este manuscrito, desde su inicio como transcripción directa de sermones hasta su forma final pulida y apropiada.

TEOLOGÍA SISTEMÁTICA

UN ESTUDIO PROFUNDO DE LA DOCTRINA BÍBLICA

JOHN MACARTHUR
RICHARD MAYHUE

Aclamado como uno de los expositores más talentosos de hoy, MacArthur presenta una visión sistemática de las principales creencias cristianas. Profundiza tu comprensión de las doctrinas relacionadas con la Palabra de Dios, cada persona de la Trinidad, la humanidad y el pecado, la salvación, los ángeles, la iglesia y el futuro del mundo.

"El *Comentario MacArthur del Nuevo Testamento* es la culminación de los comentarios bíblicos, así de sencillo. No se había visto desde los tiempos de Juan Calvino en Ginebra que un pastor permaneciera en el púlpito y produjera un conjunto teológico semejante a este. Hay aquí exégesis, exposición, doctrina, homilética, hermenéutica, revelación, pastoral y práctica; todo en esta serie. Si me encerrara en una habitación para preparar un sermón y solo tuviera una Biblia y una herramienta de referencia, esta sería la herramienta: el *Comentario MacArthur del Nuevo Testamento*, un tesoro expositivo sin par. No volveremos a ver en esta generación una obra de esta magnitud producida por un solo hombre".

—*Dr. Steven J. Lawson,*
Pastor principal, Christ Fellowship Baptist Church, Mobile, AL (USA)

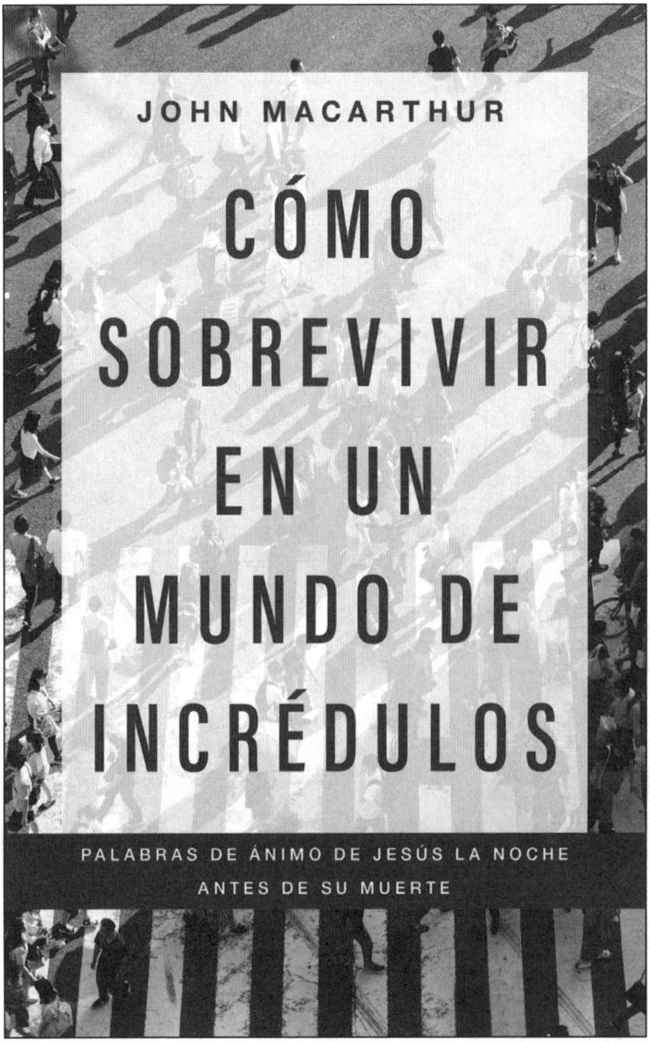

¿Cómo deben comportarse los cristianos en una sociedad cada vez más secular?

Jesús respondió a esta pregunta preocupante en la víspera de su muerte con algunas de las enseñanzas más conmovedoras y poderosas de todo su ministerio. Durante esas horas, enseñó a sus apóstoles cómo sobrevivir en un mundo de incrédulos. El respetado pastor, maestro y autor John MacArthur, explora las profundidades de las últimas palabras de aliento de Jesús, basadas en Juan 13–16.

En este libro, un brillante expositor de la Biblia nos lleva al corazón mismo de Dios y responde preguntas tales como:

- Si Dios es amor, ¿cómo podría enviar a alguien al infierno?
- Si Dios es amor, ¿por qué requirió que su Hijo tuviera una muerte tan cruel en la cruz?
- ¿Cómo puede Dios ser amoroso y celoso?

Es fácil volverse complaciente con el significado del evangelio, especialmente después de años de caminar con el Señor. La palabra misma puede volverse un lugar común, solo otro término en el glosario cristiano. Sin embargo, el evangelio no es algo común o rutinario. Sus maravillas, alegrías e implicaciones son infinitas. Cuanto más tiempo y más profundo lo miras, más resplandece la gloria.

En el libro *El Evangelio según Dios*, John MacArthur nos muestra por qué Isaías 53 es llamado acertadamente el primer Evangelio. Veremos el evangelio detallado en las propias palabras de Dios al revelar a su Mesías, su amor por Israel y sus promesas para nosotros.

EDITORIAL
PORTAVOZ

NUESTRA VISIÓN

Maximizar el efecto de recursos cristianos de calidad que transforman vidas.

NUESTRA MISIÓN

Desarrollar y distribuir productos de calidad —con integridad y excelencia—, desde una perspectiva bíblica y confiable, que animen a las personas a conocer y servir a Jesucristo.

NUESTROS VALORES

Nuestros valores se encuentran fundamentados en la Biblia, fuente de toda verdad para hoy y para siempre. Nosotros ponemos en práctica estas verdades bíblicas como fundamento para las decisiones, normas y productos de nuestra compañía.

Valoramos la excelencia y la calidad.
Valoramos la integridad y la confianza.
Valoramos el mérito y la dignidad de los individuos y las relaciones.
Valoramos el servicio.
Valoramos la administración de los recursos.